Елена Красько

Книга о том, что делает нас человеком

Елена Красько

Книга о том, что делает нас человеком

Существует только одна реальность – это мы сами

Bloggingbooks

Impressum / Выходные данные

Bibliografische Information der Deutschen Nationalbibliothek: Die Deutsche Nationalbibliothek verzeichnet diese Publikation in der Deutschen Nationalbibliografie; detaillierte bibliografische Daten sind im Internet über http://dnb.d-nb.de abrufbar.

Alle in diesem Buch genannten Marken und Produktnamen unterliegen warenzeichen-, marken- oder patentrechtlichem Schutz bzw. sind Warenzeichen oder eingetragene Warenzeichen der jeweiligen Inhaber. Die Wiedergabe von Marken, Produktnamen, Gebrauchsnamen, Handelsnamen, Warenbezeichnungen u.s.w. in diesem Werk berechtigt auch ohne besondere Kennzeichnung nicht zu der Annahme, dass solche Namen im Sinne der Warenzeichen- und Markenschutzgesetzgebung als frei zu betrachten wären und daher von jedermann benutzt werden dürften.

Библиографическая информация, изданная Немецкой Национальной Библиотекой. Немецкая Национальная Библиотека включает данную публикацию в Немецкий Книжный Каталог; с подробными библиографическими данными можно ознакомиться в Интернете по адресу http://dnb.d-nb.de.

Любые названия марок и брендов, упомянутые в этой книге, принадлежат торговой марке, бренду или запатентованы и являются брендами соответствующих правообладателей. Использование названий брендов, названий товаров, торговых марок, описаний товаров, общих имён, и т.д. даже без точного упоминания в этой работе не является основанием того, что данные названия можно считать незарегистрированными под каким-либо брендом и не защищены законом о брендах и их можно использовать всем без ограничений.

Coverbild / Изображение на обложке предоставлено: www.ingimage.com

Verlag / Издатель:
Bloggingbooks
ist ein Imprint der / является торговой маркой
OmniScriptum GmbH & Co. KG
Heinrich-Böcking-Str. 6-8, 66121 Saarbrücken, Deutschland / Германия
Email / электронная почта: info@bloggingbooks.de

Herstellung: siehe letzte Seite /
Напечатано: см. последнюю страницу
ISBN: 978-3-8417-7119-3

Copyright / АВТОРСКОЕ ПРАВО © 2013 OmniScriptum GmbH & Co. KG
Alle Rechte vorbehalten. / Все права защищены. Saarbrücken 2013

	Оглавление	1
1	Введение	3
2	Что можно делать и чего делать не стоит.	5
3	Связь причины и следствия.	7
4	Наши мысли продолжаются в поступках.	9
5	Про гордость.	11
6	Про раздражение.	16
7	В чем смысл жизни человека.	19
8	Про сентиментальность и доброту.	22
9	Как стать уверенной в себе.	26
10	Про жизнь.	30
11	Про стыд.	35
12	Про душевный покой.	40
13	Про духовные ценности.	45
14	Про настроение.	48
15	Про обиду.	51
16	Как перестать нервничать.	54
17	Про беспокойство.	58
18	Про бессмертие.	62
19	Как принять правильное решение.	66
20	Про скуку.	71
21	Про общение.	74
22	Про вредные привычки.	79
23	Как построить свою жизнь.	83
24	Про счастье.	87
25	Жизнь это процесс развития.	91

26	Про подозрительность.	94
27	Про повседневность.	97
28	Про оптимизм.	100
29	Про страхи.	106
30	Про бесстрашие.	109
31	Про одиночество.	112
32	Как обрести уверенность в себе.	114
33	Про отчаяние.	116
34	Что делать если постоянно не везет.	119
35	Как научиться медитировать.	122
36	Как выйти из депрессии и лени.	125
37	Про раздражение.	128
38	Богатство.	131
39	Как научиться не упускать время.	134
40	Про зависть.	137
41	Высказывания о жизни.	140

Введение.

Дорогой мой читатель, здравствуйте!

Меня зовут Елена Красько. Живу я во Владивостоке. Люблю этот город у моря. Вообще я много чего люблю: свою семью, друзей, работу, город, в котором живу, весь мир, по которому я путешествую.

У меня так много всего, что хочется что-то сделать для других.

И вот, вижу я, что чем дольше живу, тем меньше времени жизни у меня остается и хочется все более эффективно тратить свое время. Видели ли Вы, дорогой читатель, фильм «Время» Эндрю Никкола? В нем за все расплачивались не деньгами, а секундами, минутами, днями, неделями, годами. Если человек не успевал заработать время, то умирал.

Одним словом, время — это наша жизнь. Было бы неплохо ее прожить эффективно. Для начала, определиться в ее цели. Вряд ли смысл жизни человека в том, чтобы поесть, поспать и произвести потомство. Думаю, должен быть другой. Определив цель, давайте найдем средства ее достижения, правильно применяя законы жизни, которые на нас влияют. Ум человека устроен как глаз: он видит все, но не видит самого себя. Чаще всего мы прекрасно разбираемся в ситуации соседа, но в своей жизни разобраться не можем. Вроде мы все умные, тогда почему у нас нет-нет, а возникают проблемы, которые нас раздражают? Не можем разобраться в одиночку, так давайте все вместе.

Что можно делать и чего делать не стоит.

Что такое последствия? А вот, к примеру, дорогой читатель, если мы вдруг садим семя репы, то вовсе не предполагаем, что впоследствии из него вырастет дыня. Скажем по-русски: что посеешь, то и пожнешь.

Если вдруг оказывается, что мы сидим на колючках, то это значит только одно: это наши колючки, мы когда-то их засеяли и вот они и проросли. Итак, закон причины и следствия существует. И чтобы не попадать в трудные ситуации нужно принять за свою жизнь ответственность, необходимо разобраться какие поступки ведут к позитивным последствиям, а какие к негативным. Раньше это были десять заповедей. Сейчас в нашем обществе эту функцию на себя берет законодательная и исполнительная власть. Существуют Кодексы и Законы, регламентирующие поведение членов общества. Подрастая, мы узнаем о том, что можно делать и чего делать не стоит от родителей, воспитателей, учителей и, разумеется, из книг, фильмов, интернета. Иногда правовое образование столь ненавязчиво, что возникают трудности с Законом. Люди, дорогой читатель, не задумываются о последствиях или не всегда понимают, что последствия будут обязательно.

Самый простой способ проверить правильность своего поступка, это иметь радость встать на место того, на кого наше действие может повлиять. Не хотим оказаться на его месте через какое-то время, так, давайте, не делать этого сейчас.

Связь причины и следствия.

Есть такие законы жизни, дорогой читатель, согласно которым, все события, которые происходят в жизни человека, имеют причину и следствие.

Если мы идем в кино, то в среднем за два часа мы можем наблюдать жизнь героя (или героини) фильма. И так как вся его жизнь проходит пред нашими глазами, то мы видим, что из чего происходит и к чему ведет. В настоящей жизни, дорогой читатель, следствие созревает не всегда быстро. Поэтому не видно четкой связи между негативной ситуацией сегодня и событиями в прошлом (день или жизнь назад). Я не верю, что развитие потенциала человека просто прекращаются с окончанием жизни. Я, дорогой читатель, принимаю вариант реинкорнации, когда сознание переходит из жизни в жизнь и накапливает определенные качества и способности. В мире много примеров знаний из прошлых жизней: это и знание иностранных языков, и одаренность в музыке или науке чуть ли не с младенчества, и состояния дежа вю, когда ты чувствуешь, что ты уже здесь был или кого-либо знал. Так вот, все наше множество прошлых жизней мы совершали поступки. Мы что-то думали, говорили и делали, и все это становилось причиной (или началом) для созревания следующих ситуаций.

Нужно понять, что причинно-следственная связь существует, принять ответственность за то, что мы совершаем и начать искать средства, позволяющие нам найти счастье и избежать страданий.

Наши мысли продолжаются в поступках.

Нужно взять ответственность, дорогой читатель, за каждый свой поступок, слово или чувство, ведь они засевает семена в нашем подсознании, которые потом произрастают ситуациями в жизни. Если наши чувства, наши слова и наши поступки несут вред, то в будущем не стоит ожидать легкой и радостной жизни.

Возьмем такой тяжелый пример, как, убийство. Оно засевает негативные впечатления и результатом этого действия будет либо очень короткая последующая жизнь, либо очень трудная. Следствием воровства станет постоянная потеря своей собственности. Причинение сексуального вреда обернется болезненными взаимоотношениями в дальнейшем.

Не меньший вред можно нанести и словом. Например, ложь. Она бывает большой, когда искажается реальность и маленькой (так сболтнул, не вреда, не пользы, как говорится). Большая ложь, это когда есть стремление навредить. Впоследствии, в течение многих жизней человеку не будут доверять.

Еще есть такое негативное действие как клевета (разговор за спиной). Клевета отличается тем, что вызывается злостью. Злые слова обращаются против нас быстрее всего. А как вы относитесь к грубым и обидным словам? Нравятся они не многим. Результатом такой речи будет то, что скоро придется услышать о себе много неприятного.

Еще существует бессмысленная болтовня. Вроде ничего особенного, но из-за нее незаметно улетает наше ценное время и силы. Если мы включаемся в эту болтовню или отвлекаем других, то вскоре нас просто не будут воспринимать всерьез.

Давайте, прежде всего, поймем, когда наши чувства, наши слова и наши поступки несут вред, что бы вовремя остановиться и не засеять свое будущее проблемами.

Про гордость.

Бывает так, что взыграет гордыня, а потом не знаешь какой угол искать.

Сидели мы тут недавно компанией за столом, и тут один парень рассказал такую историю.

Пес у него пропал. Наверное, с год. И он нам говорил, что его украли, но не больше. И вот за столом он стал рассказывать.

В его многоэтажке много собак. В моей, кстати, тоже. Их выводят гулять всех по утрам часов в семь перед работой, в одно время и сразу видно, что у многих есть собаки, вечером тоже выводят, но там уже кто – когда.

Собака у него жила лет семь. Привык, понятное дело. Собака была большая и спуска другим псам не давала (кстати, читатель, а вы знаете, что собаки похожи на своих хозяев).

Так вот, все выводили своих собак на поводках, и только одна соседка выпускала свою собаку без поводка. Разумеется, собака ее не ждала, и получалось, что сначала вылетала из подъезда собака, а затем появлялась хозяйка.

А всем остальным хозяевам собак хотелось, чтобы все собаки были на поводках. А самое главное, они хотели, чтоб не травмировали их собак, для этого и поводок. Мало кому понравится, когда на его любимую животину, причем на поводке, нападает псина без поводка. А разнимать собак, тем более больших – дело неблагодарное.

Вот и эту женщину мой знакомый не раз просил выгуливать собаку на привязи. Не знаю почему, но она этого не делала.

И вот однажды, рассказывает мой знакомый, он прогуливал своего пса. Тут из двери подъезда, вылетает собака без поводка и набрасывается на его собаку.

Чтобы обезопасить свое животное, он его поднимает на руки и кричит соседке, чтобы она отозвала собаку. А та смеется. Наверное, было что-то смешное в том, что парень на руках поднимал своего пса. Который весит пятьдесят килограмм.

И вот тут то и приключилась гордыня. Мало кому нравится, когда над ним смеются.

Вот тут мой знакомый и отпустил своего пса и сказал: фас. Пес сразу принялся за дело: сбил с ног собаку без поводка и стал, разумеется, ее рвать.

Теперь уже закричала хозяйка собаки без поводка: что ты делаешь, оттяни собаку. А он гладил своего пса и говорил ему: все правильно, молодец. Может, вспомните, как собаки дерутся? Это страшновато.

А соседке мой знакомый в это время говорил: я же предупреждал: выводи свою собаку на поводке. Одним словом, провел воспитательную работу.

Вот только в том беда, что и соседка решила отомстить. Через несколько дней, когда он гулял с собакой, то увидел, как соседка показывала на него и его собаку двум мужчинам. И вскоре собака пропала. Навсегда.

Мой знакомый по-всякому ее искал, потом он обратился к тому, кто показал ему через его же сны, что с ней произошло.

Последнее, что о ней было известно, это то, что собака лежала у него на работе, на полу. Зашли два посетителя. И сразу вышли. Собака вышла за ними. Это видели все.

Остальное он видел во снах: как его собаке связали передние ноги и стравили с собакой, которую он помял (собака соседки). Когда связанный пес стал побеждать и в него выстрелили (в бок) и стравили снова. И в таком состоянии его загрызли.

И вот еще что: все собаки в доме лаяли на моего знакомого, когда он выходил и лаяли затем на лифт, ожидая, что оттуда появится его пес. Все кроме пса соседки. Тот на лифт не лаял.

И вот мой знакомый и говорит: я знаю все, что она сделала и молча, смотрю ей (соседке) в глаза и стараюсь не сделать ей гадость (то есть отомстить, сделать так, чтоб ей было больно).

Как вам история? Просто жесть. Ну, а теперь попробуем в ней разобраться.

Вообще, общеизвестно, что человек на самом деле видит информацию на 20%, а остальные 80% домысливает исходя из своих предположений. Именно поэтому если несколько человек находятся в одной комнате, то каждый опишет ее по-своему.

И я вам скажу, что мой знакомый жёсток как молодой человек и как мужчина, и вообще он жёсток по своей жизненной позиции. Думаю, что так он и воспринимает мир. Противопоставляет себя и что-то доказывает, отвоевывает.

Тут может быть для начала два варианта: история с его собакой может быть глюком: сны - это же наше подсознание, а человек, какой сам, таким мир и видит.

И второй вариант: то, что он думает - правда. И этому тоже есть доказательства. Поговорим о втором варианте.

Все мы, живые существа, жили с незапамятных времен, каждый когда – то был маленькой мушкой или матерью для другого. Цель нашей жизни совершение поступков, которые имеют следствие и таким образом мы формируем свое будущее.

Мой знакомый не просто так завел себе именно этого пса, раньше были у них какие – то отношения. Пса своего он, грубо говоря подставил - не стравил бы, не доказал бы соседке, что он прав, собака бы не пострадала.

Собака, она в этой жизни живет инстинктами и любит своего хозяина. Как говорится, приручил, так заботься. Поведение собак здесь вторично. Их поставили в определенную ситуацию их хозяева.

Люди: соседка, два мужчины – исполнители и мой знакомый уже были в подобной ситуации раньше, только поменялись ролями. В этой жизни ты совершаешь насилие, в другой насилие совершат над тобой (или в этой, но позже). Так работает закон причины и следствия.

Хуже всего ситуация соседки, потому, что у нее налицо все составляющие созревание плохой кармы: она захотела, обдумала (организовала), совершила (чужими руками) и обрадовалась тому, что сделала.

Я ей сочувствую (она создала себе в будущем страдания), но помочь не могу. Потому, что насильно никому помочь стать счастливым нельзя.

Про раздражение.

Раздражаться, думаю, никого учить не надо.

Вот я не так давно провела выходные на кордоне Журавлиный — это кусочек чистой природы в Хинганском заповеднике Приморского края. Просто волшебное место.

На берегу километрового озера стоит домик станции реинтродукции, за ним летние вольеры для содержания птиц. Еще есть банька и дом для научных сотрудников станции. Их десять человек. Как вы думаете, что за ответственность, что за работа у научных сотрудников заповедника? Знаете?

И я не знала, сейчас расскажу.

Есть направление мониторинг. Это отслеживание статистических данных по количеству редких и обычных птиц, животных, рыб, насекомых. Видела даже специально отгороженную площадочку для замера опавших листьев на квадратный метр.

Есть отдел по охране природы (от браконьеров, пожаров и т. д.).

Есть проект экология. Он состоит в том, что на летнее время сюда стали привозить детдомовских детей. По несколько ребятишек на 2 недели, потом других еще на две недели и т.д.

Занимаются с ними работники станции реинтродукции (на станции выращивают из яиц птенцов красношапочного журавля, учат тому, как выжить в дикой природе и выпускают для самостоятельной жизни – так поддерживают и увеличивают популяцию редких птиц).

Даже не скажу, от чего этим ребятам больше повезло: от возможности общения с заповедной природой; с непугаными, занесенными в Красную книгу журавлями или с необыкновенными людьми - работниками заповедника.

Люди эти необыкновенны тем, что они исследователи. На основании ежедневной работы они показывают, как функционирует наша природа, как чувствуют себя растения, животные и открывают то, о чем до них не знали или опровергают то, что не подтверждается исследованиями.

А работники станции по реинтродукции воспитывают птенцов (правда, птенец ростом до локтя взрослого человека), как своих детей, а затем радуются и грустят, когда журавли улетают. Жизнь на станции спокойная и размеренная. Человек остается один на острове посредине озера.

У меня здесь, как у городского жителя, поначалу просто болела голова от избытка кислорода.

Я даже не знаю, как описать звуки полета крыльев, клекота (может правильно разговора) птиц, тишины, плеска рыбы, шуршания кустарников, звуков деревьев, падающих листьев, ветра.

А ведь еще был сказочный утренний туман, зеркальная озерная спокойная гладь, рассвет и закат. И конечно же радость созерцания того, как солнце играло блестками на воде.

Представьте две недели созерцания в одиночестве такого великолепия, и так раз за разом многие годы. Конечно же, такие условия создают спокойных, сильных, мудрых людей, которые помогут в жизни и журавлю и человеку.

Так вот, приехала я в это место, чтоб провести время с друзьями. И все было хорошо, только вот проскочило немного недопонимания.

Ну, представьте себе, кто-то не так думает как я, не так чувствует как я, да и говорит не совсем в том тоне, как хотелось бы. И я мгновенно стала раздражаться, пытаться удалить от себя ситуацию, которая против меня, возникла дистанция к человеку, к моей подруге. И все это на уровне рефлексов, я даже не успеваю подумать, что происходит.

А происходит вот что. Нас раздражает то, что присутствует в нас самих, иначе бы мы не знали что это такое (скажи, к примеру, принцессе ругательное слово – она ведь не обидится, потому, что она и не знает, что это ругательство).

Любой человек и ситуация, которую он несет – это зеркало наших качеств и привычек. Лучшее, что можно сделать в такой ситуации – это не учить, а учиться. В данной ситуации учиться дружить.

В чем смысл жизни человека

Может быть, смысл жизни человека почувствовать себя частью того, что было, есть и будет? И не стоит в поте лица искать решения своих задач?! Может, пролетим по жизни на тройке!? Что вы думаете? Ведь человек живет жизнь тогда, когда он творит. Жизнь быстротечна, но мгновения неповторимы.

Как Вам такой подход? Он и вправду хорош!

Для бесстрашного, радостного от каждого прожитого мгновения, сочувственного человека.

Для героя, который бесстрашен, которому нечего терять, нечего отнять, у него все есть и жизнь для него в радость.

Отчасти из-за того, что живет он для других, а для себя ему ничего не надо. Обходится он малым.

Человеку, по сути, для того, чтобы физически жить много не нужно. Но мы живем в социуме, зависим от мнения окружающих и впахиваем за материальные блага. Обменивая эти не очень–то и необходимые блага на время своей жизни (время, затраченное на работу, оплаченное деньгами).

Для героя, который наслаждается каждым мгновением жизни, не оценивая относительно себя происходящее на хорошо и плохо: потому, что для него все прекрасно, фантастично, великолепно.

Но, к сожалению, это не возможно в обычном состоянии сознания. Обычный человек предполагает картину мира, разделенную на субъект, объект и действие. То есть - я и остальные.

По отношению к остальным возникают чувства, которые оцениваются концептуально (и в обычном состоянии мы ничего с этим поделать не можем): как нравится, не нравится и непонятно нравится/не нравится.

И мы стараемся притянуть то, что нравится и удалить то, что не нравиться. И мы начинаем бороться за свое счастье, которое обязательно наступит, если мы окружим себя тем, что нам нравится и оттолкнем как можно дальше то, что не нравится.

Для героя, который может замечать страдания других людей, хочет им помочь и помогает. Это чувство противоположное эгоизму – сочувствие, сопереживание, сострадание. Когда заботятся прежде о других. Это работает практически – делаешь добро и вдруг замечаешь, что у самого все получается. Это работает во всем.

По–моему это было у Пушкина в «Руслан и Людмила». В поэме юноше понравилась девушка из соседнего селенья, она звалась Наина. И он открылся ей в любви, но красавица сказала: пастух, я не люблю тебя! И с горя юноша ушел искать бранной славы. Прошло десять лет. В лучах воинской доблести он приходит за ее любовью, но гордая красавица отвечает: герой, я не люблю тебя. Несчастный уходит в лес к колдунам, чтоб привлечь возлюбленную колдовством. Проходит сорок лет уединенья и мечтаний о возможном, именно им придуманным счастье, и влюбленный в свою мечту колдун достигает знаний и разжигает любовь в предмете своих желаний. И в том момент, когда он вознамерился наконец-то обладать прекрасной девой, вдруг перед ним предстает дряхлая, седая, горбатая старуха с трясущейся головой. Он от ужаса и плакал и кричал. Мало того, что разбилась мечта, которую он достигал всю жизнь, так еще предмет его желаний требовал любви. Мужчина оказался сильнее, он вырвался, и смело убежал. А вслед ему неслись проклятья, ведь он разбил из-за гордости, ревности и желания уже не только свою, но и чужую жизнь.

Я думаю, что смысл жизни человека, конечно же - нести в мир добро. Нужно быть свободным, проживая ярко каждое мгновение, ничего не боясь, не стыдясь, без надежд и опасений.

Про сентиментальность и доброту.

Я думаю, что доброта это желание, чтобы все были счастливы. И быть добрым просто, если мы хотим, что бы все были счастливы.

Ну, кому нужно, чтоб нас окружали люди, которые исступленно рыдают от горя? Кому доставит удовольствие, если вокруг будут одни калеки с одной рукой, или ногой, или умственно неполноценные?

Мне кажется, что гораздо приятней слышать неподдельно счастливый смех, видеть как, не замечая никого вокруг, тает от прикосновений любящая парочка. Приятно находится среди счастливых людей.

Другое дело, что счастье мимолетно, его не так часто можно наблюдать.

За рубежом, хоть это и просто норма поведения, но люди улыбаются чаще. Я сначала не понимала, почему вдруг мне человек улыбается (дело было в Германии), Может, думаю, понравилась? Дай, проверю. И раз - опять смотрю на человека. Когда мы встречаемся с ним глазами, человек автоматически мне улыбается, глаза разошлись - сползла улыбка. Я уже в эксперименте - опять раз, и смотрю ему в глаза – мгновенная улыбка. Это я к тому, что даже если и не взаправду улыбаются люди, то это все лучше, чем с мрачными лицами, как в основном в России.

Потом, можно назвать добротой сочувствие, сострадание.

Здесь мы хотим и делимся всем, чем можем, не ожидая благодарности. Мы понимаем, что можем убрать чужую боль, так появляется мотивация сделать добрый поступок.

Можно быть всяким: чванливым, завистливым, ревнивым, обидчивым, невыносимым нытиком, но при этом быть добрым.

Думаю, что доброта, это скорее щедрость, избыток, который ты можешь дарить всем.

Доброта это, я бы сказала соучастие, сочувствие, сострадание, сопереживание, это качество особенно близко русским, с нашей открытостью и задушевностью.

Но доброта должна быть мудрой, в этом смысл жизни. Есть такие примеры, когда человек знает, как помочь и может помочь, но этого не делает, не хватает у него душевной щедрости, а другой рыдает от сентиментальности, и тоже не приносит этим пользы.

Можно дать забулдыге денег, но ведь лучше этим ему не сделаешь потому, что он на автомате употребит эти деньги на выпивку.

Или вот смешной пример. Бежит добрый, но не очень умный человек и видит - пять не слишком сообразительных друзей попали в глубокую яму. От великого сострадания добрый человек прыгает в яму, рыдая у каждого из пятерых на груди от сочувствия (это и будет проявлением сентиментальности). И что теперь? Теперь в яме шесть не слишком сообразительных друзей. Далее мимо проходит умный, но не сострадательный человек. Он видит ситуацию и знает, как ее разрешить – он говорит шестерым не слишком сообразительным друзьям: вам, парни, лестница нужна. И идет себе дальше. Так - то вот.

Еще доброта это радость сопричастности.

Когда мы испытываем счастье от того, что хорошо другим. У кого-то сочувствие возникает спонтанно. У кого – то нет.

Тогда можно попробовать взращивать его осознанно. Сначала сочувствовать тем, кто нам дорог. Тут себя заставлять не надо.

Затем можно ставить более интересную задачу: сочувствовать тем, кто нам не нравится. Для этого нужно понять, что человек просто хочет счастья, но вот только не понимает, что действия его ведут, как раз, наоборот, к страданию. Совершенно точно, что все хотят быть счастливыми, но не каждый знает, как достичь счастья.

Есть еще одно понятие доброты – беспристрастная доброта. Это безграничное понимание того, что все люди совершенны и обладают неограниченным потенциалом возможностей, просто не все это знают.

Эти четыре выражения доброты доступны всем.

Именно доброта помогает нам поступить верно, интуитивно пробудив все наиболее лучшее из нашей кармы. Такая доброта безгранична и совершенна. Она выражает взаимозависимость всех явлений.

Доброта без мудрости сделает из нас догматиков или сентиментальных чудаков, а развитие одной мудрости сделает нас холодными, расчетливыми и лишенными чувства юмора.

Нужно постараться, чтобы доброта и мудрость уравновешивали и дополняли друг друга.

Как стать уверенной в себе.

Попробую рассказать как стать уверенной в себе. Вот у меня было время, лет тринадцать назад, почему-то после того, как сделаешь человеку доброе дело, в ответ сразу же получала какую-то гадость.

В тот самый момент, как ты расслабишься, со слезами умиления на глазах от собственного благодеяния. Тут - то тебя тепленького в ответ как хряснут - куда попадут.

И попадают. Ведь от собственного действа ты ждешь, как минимум, благодарности. А ожидать-то, как раз ничего и не стоит. Ожидания ведут к разочарованиям. Потому что частенько не сбываются.

Люди же все разные: по возрасту, полу, вероисповеданию, национальной принадлежности, географическому местопребыванию, образованию, воспитанию, жизненному опыту и так далее. Да с чего бы всем мыслить одинаково.

Вы скажите, а как же элементарная порядочность. Вот на этом – то мы и ломаемся. Мы считаем, что все люди точно такие же, как и мы. Мы начинаем разговаривать с человеком и уже изначально от него чего-то хотим.

Чтоб он нас понимал, к примеру. А через какое-то время вдруг обнаруживаем, что собеседник-то тупенький. Просто, как из другого измерения. Что в таких случаях делать?

Наверное, можно попытаться говорить на языке собеседника, чтоб он понял, о чем речь-то идет. Если сам уж такой умный, так сумей, не обижая человека, говорить понятные вещи.

Только ты сам можешь чего-либо добиться, никто никого не может заставить стать счастливым, просто потому, что человек должен чего-то захотеть, потом найти средства к достижению своей цели и сам изменить себя. И вот эту цель и можно показать и лучше на своем примере.

Достижение счастья - это не окружение себя друзьями, материальными благами, любовниками и удовольствиями. Нельзя поменять весь мир вокруг, тем более, что наши пристрастия постоянно меняются, мир не сможет угнаться за нашими желаниями и вовремя измениться. Можно изменить свое понимание происходящего, стать счастливым независимо ни от чего, постоянно ощущать радость от происходящего.

А бывает, что мы закрываемся и не только обидчику больше добра не делаем, но и никому другому тоже. А так нельзя.

Улыбнуться в ответ на то, что тебе сделали больно - вот это высший пилотаж. Почему человек отвечает негативом? Из-за не понимания законов жизни. Он не знает, что пространство нас объединяет, что нанеся удар в пространство, обязательно то-же самое получишь в ответ. А ведь человек просто хотел счастья. Он так его понимает, свое счастье: взять себе, да побольше, да не свое. Если для этого нужно ударить – он будет бить. Но счастье не может быть в том, что нас окружает, счастье в том, как мы воспринимаем.

Все, что с нами случается, имеет место быть. Это мы создали такую ситуацию тем, как относились к людям раньше.

Это кармическая ситуация, она уже созрела, изменить мы в ней ничего не можем, факт свершился. А вот то, как мы будем эту ситуацию решать – это уже настоящий момент, именно сейчас мы можем изменить ситуацию своей жизни. Благодаря тому насколько мы зрелы, насколько верно мы можем понять свою ответственность, поступать со своего уровня моральных ценностей. Это момент, в которым мы закладываем свое будущее.

И если мы ничего положительного не привносим в пространство, то через какое-то время пространству просто нечего будет нам дать. Нужно делать мир лучше. А вследствие этого, просто автоматически и наша жизнь станет лучше.

К чему я это все…

Ах, да, я хотела рассказать как стать уверенной в себе. Так это просто. Это когда ты ничего не боишься, когда ты любишь весь мир, и все любят тебя, когда у тебя все есть, хотя тебе ничего и не надо, когда ты просыпаешься утром и дрожишь от счастья и тебе классно каждую минуту. И это нормальное человеческое состояние. Чтоб его достичь, нужно просто немножко поработать над собой: стать бесстрашной, радостной, сочувственной и мудрой.

Про жизнь.

Давайте, поговорим про жизнь. Про то, какая она хрупкая и драгоценная. Посмотрите, как эффективно мы устроены: какие у нас руки, ноги, пальцы. Смысл жизни в том, что у нас есть возможность с помощью наших тел делать добро и себе и другим.

Жизнь проходит незаметно, а мы все стремимся за бесконечно меняющимися чувствами. Ведь мы думаем, что они реальны. Мы переживаем и мучаемся потому, что не можем удержать то приятное, что у нас есть и оттого, что нам нужно как-то справляться с тем, что мы не в состоянии исправить.

Все ищут постоянного счастья. Но что точно постоянно, так это то, что мы родились и умрем. Нужно правильно оценить ситуацию, в которой мы находимся, и извлечь из нее пользу.

Вчера ко мне на работу заходил знакомый, помогал с настройкой интернет. Как водится, поговорили за жизнь. Болтаем, значит, и он мне и говорит: а я не рассказывал тебе, как я умирал? Вот тебе радость.

И начинает рассказывать про то, как он, думаю лет восемь - девять назад поехал с женой отдыхать на море, в морской Хинганский заповедник. Где-то южнее бухты Горшкова, на мыс Кекуры Бакланьи. Если сказать, что места там красивые, то это ничего не сказать. Там все пронизано суровостью. Край могучий, заповедный, он затрагивает все сокровенное в глубине души. Древние скалы, могильные сосны (название такое) - реликтовые трехсотлетние деревья - мощные, прекрасные, стволы их изогнуты от ветров, а корни уходят в камни. Эти сосны занесены в Красную книгу.

Берег весь изрезан бухтами с кекурами. Не знаете что такое кекуры? А я расскажу: кекуры - это скалы такие. Они бывают в форме столбов или как конусы. Стоят в море или на берегу.

Еще там гроты в скалах, прозрачная, чистейшая, необыкновенно-бирюзовая вода.

Так вот, мой знакомый с женой встали с палаткой на берегу, а потом решили посмотреть тюленей. Добирались вплавь, держа над водой в руках фотоаппарат и подзорную трубу, потом шли по косе вброд по грудь в воде, к лежбищам тюленей и скоплениям птиц.

Время шло, насмотрелись и пошли обратно. Когда они добрались до того места, где нужно возвращаться вплавь, мужчина решил пойти напрямик через скалу, а женщина решила вернуться тем же путем, каким они сюда и добрались – вплавь по воде.

Здесь мы обратимся к научным исследованиям. Немного отвлечемся. В одном НИИ был проведен такой эксперимент: там был создан рай для исследуемых подопытных животных.

Это был рай для крыс. Оптимальная температура, оптимальное освещение, оптимальные условия для продолжения рода. Любимая еда, запахи – все, что максимально, в понимании людей, нравилось бы подопытным животным. Все. Но. В дальнем углу было отверстие, которое заканчивалось гильотиной.

Какое-то время крыски наслаждались своими прекрасными условиями, но вот первое животное побежало в эту норку и это закончилось его гибелью, которая сопровождалось выплеском определенных энергий, звуков и запахов. Время шло – и в эту норку пошло другое животное и затем через какое-то время следующее и за ним еще и еще.

Экспериментаторы уже были готовы к тому, что все животные погибнут, но вдруг крыски перестали идти на верную смерть. Когда оставшихся исследовали, то оказалось, что в крысином раю остались одни самочки. Все самцы ушли в неизведанное. И погибли.

Вернемся к самому совершенному созданию на земле - к человеку и к единственному в России морскому заповеднику. И к почти отвесной скале от 15 до 20 метров.

Мой знакомый забросил на спину через одно плечо подзорную трубу, через другое фотоаппарат, в плавках и в кедах (может в кроссовках, я прослушала), стал взбираться на скалу.

Надо сказать, что я во Владивостоке живу 10 лет и тоже имею опыт лазанья по скалам. Это трудно и опасно. И еще. Вверх забираться легче, чем спускаться. Моему знакомому тогда было около 30 лет, он и сейчас хорош, а тогда, думаю, он был в прекрасной физической форме.

Он просто хотел преодолеть подъем, его переполняли силы и жажда открытий. Он находил трещины, уступы, поднимался все выше и выше. Когда он преодолел две трети подъема, то вдруг понял, что вверх пути больше нет. Вниз спуститься тоже невозможно.

Но все-таки он нашел один краеугольный камень (я понимаю, что острый, треугольный, наверное), подтянулся на руках, как он сказал: сделал выход силы - и встал на этот камень одной ногой.

Дальше даже не знаю, как описать. Оставалось до вершины три метра. Но это был полукруглый навес, покрытый скудной землей и небольшой травкой. Когда рука пыталась опереться, схватиться за землю, то земля предательски осыпалась, а травка и вовсе имела слабые корни.

Более того, человек стоял на высоте 15 метров, раскинув руки, на одной ноге. Сменить ногу возможности не было, спуститься вниз было нереально. Вверх пути нет.

Человек посмотрел вниз, по сторонам (а вокруг красиво-красиво) и понял, что это конец. Как только нога онемеет – он упадет.

Можно красиво прыгнуть вниз на камни, больше вариантов не было. Даже если бы жена вдруг пошла к нему навстречу, то у нее не было веревки, она не могла помочь, могла бы только смотреть, как он умрет на камнях внизу.

И вот мы с ним сидим вчера, и я понимаю, что с одной стороны вариантов нет (я еще думала – может жена помогла, но это не работает). А с другой стороны, он же напротив сидит, значит что-то произошло. Понять не могу что.

Возвращаемся к истории.

Но еще было время. Он стал прощаться с жизнью. Попрощался, представил себя внизу на камнях. А вокруг красиво – красиво.

Тут вспомнил о лягушках, которые в крынку с молоком упали, одна сдалась и утонула, а вторая, даже не понимая, что делает - барахталась до последнего, взбила лапками сгусток масла и смогла на него опереться.

Одним словом, он выбрался. Полез вверх по осыпающейся земле. Говорит, что выполз червяком: передвигался за счет перекладывания своих ребер, извиваясь всем телом, руками находя опору в слабой травке, зажимая ее (так, чтоб не вырвать) между прямыми пальцами.

Писать я эту историю села потому, что я просто в ярости. Ну, почему же мы так не ценим свои жизни? Почему мы их так безразлично прожигаем, не используем для достижения свободы, радости, бесстрашия и счастья? Для себя и для всех?

Про стыд.

Вам знаком стыд?

Нет ничего такого, о чем следовало бы жалеть. Мы даем работу психологам переживанием прошлого, тем, что не можем избавиться от своего багажа, и постоянно таскаем его с собой. Все что произошло, уже имело место быть - это опыт, не нужно давать ему эмоциональную окраску.

Все наши чувства реальны, когда мы даем им нашу силу. Поэтому и невозможно бороться с чувствами, ведь получается, что мы боремся сами с собой. Так можно только загнать себя в невроз. Такой войны не выиграть. Допустим, есть воспоминание. Мы поступили некрасиво, или чего-то недосмотрели, или что-то могли бы сделать, но не сделали, да и просто не знали в тот момент, что это нужно было сделать. Нам стыдно. Мы виним себя во всем и постоянно возвращаемся к произошедшему. Чувство вины лишает нас покоя и сил.

Мы не можем справиться с ситуацией самостоятельно, нам нужна помощь. Мы или идем к психологу, или замыкаемся в себе. Потому, что сказать правду о произошедшем нельзя. Она слишком ужасна. Мы мучаемся, плачем, и благополучно развиваем наш невроз. Как со всем этим жить дальше?

У меня год назад была такая ситуация, я расскажу вам, как выйти из подобного состояния.

Итак, как возникают наши чувства? Наши чувства - это наше отношение к людям или ситуациям, которые основываются на наших 5 органах чувств. Наши глаза, уши, нос, язык, кожа дают нам возможность получать информацию об окружающем мире через слух, зрение, обоняние, вкус, осязание.

Что происходит дальше? Наш концептуальный ум оценивает информацию в трех позициях относительно себя, любимого: нравится, не нравится, не понятно: нравится или не нравится.

Это понимание действительности человеком в обычном состоянии сознания.

Первое, что мы не должны делать – мы не должны отождествляться с чувствами и мыслями. Мы сами - это тот, кто видит через наши глаза и уши, мы это тот, кто осознает.

А чувства и мысли это эмоционально окрашенный ветер, он постоянно меняется, за ним нельзя угнаться. Наши чувства к одному и тому же человеку меняются с течением времени, они зависят от нашего самочувствия, эмоционального состояния. Они постоянно отчего-то зависят.

Наши чувства не существуют сами по себе. Это мы даем им возможность быть или не быть. Это мы питаем их своей жизненной силой.

К примеру, рядом происходит разговор, а мы в это время увлечены собеседником по телефону. Услышим мы то, что происходит рядом? Нет. А почему? Да потому, что это нам не интересно, мы на другом сосредоточены. Или идем по улице, народу навстречу – толпа. Кто-нибудь нас да заденет. Мы обязательно это отметим? Нет. Нас это не интересует. А вот если мы влюблены, и объект желаний мимолетно к нам прикоснется, вот тогда нас окатывает жаром.

Мы создаем и питаем свои чувства сами.

Второе, что нужно признать – это то, что мы ответственны за происходящее. Мы принимаем на себя определенные обязательства по отношению к своим друзьям и близким.

Но не следует забывать, что мы совершаем безграничное количество поступков, каждый из которых имеет свое следствие, мы создаем свою жизнь сами. Просто так ничего не бывает, все имеет свою закономерность. Если человек попал в тяжелую ситуацию, то это его ситуация. Он сам себе ее создал.

Можете возразить: но ведь я тоже участвовал в ситуации друга (что-то сделал или не сделал). Ответ здесь такой: то, что мы сделали или не сделали - это уже наша будущая жизнь. Не сомневайтесь, последствия созреют. А по ситуации друга: карма для друга уже созрела и проявилась конкретной ситуацией. Если не мы, значит, на нашем месте был бы кто-то другой. Но ситуация однозначная по сути все равно в жизни друга бы произошла.

Фатализма здесь никакого нет. Человек может влиять на свою судьбу. Пока факт не свершен – все можно изменить. Можно менять последствия самых тяжелых поступков.

И, пожалуйста, не поймите мои слова так, что если с человеком что-либо случается, то ему и помогать не стоит.

Если есть возможность помочь - обязательно помогайте. Пока карма не свершилась ее можно изменить. Помогая, мы не можем изменить тяжелую ситуацию другого человека, но сможем ее отложить, есть вероятность, что сам человек сможет изменить свою жизнь.

Третье. Бывает, что прошлое (нашими же усилиями) постоянно встает перед глазами, мы постоянно к нему возвращаемся и думаем о нем. Это нас изматывает.

В таких случаях нужно желать этому человеку из прошлого как можно больше всего самого наилучшего. Через определенное время все плохие связи будут исчерпаны, нас с ним ничего не будет связывать. Он перестанет к нам приходить.

Если человек нам неприятен, то, нужно желать ему как можно больше счастья как можно дальше от нас. Пусть он несказанно радуется где-нибудь в райском местечке на Карибских островах, которые мы сами не планируем навещать в ближайшем будущем.

Четвертое. Не таскайте с собой тяжелые камни прошлого. Возьмите за правило: признайте, что вы поступили не лучшим образом, вы виноваты, но это уже прошло. Вы больше к этому не возвращаетесь.

Вы живете настоящим и не совершаете таких досадных промахов. Просто отсекайте такое прошлое. Раз и навсегда.

Про душевный покой.

Почти каждому знаком, как душевный покой, так и состояние внутреннего хаоса – вечного ожидания неприятностей, которые не кончаются: как только прекращается одно, сразу за ним следует другое. Постоянное напряжение, преодоление и истощение.

Эта статья для тех, кого волнуют эта тема.

Конечно, если проблема есть, то не нужно прятать голову в песок, подобно страусу, таким образом, проблема не исчезнет, но позиция станет более уязвимой. Решать проблемы нужно, но именно при их возникновении.

Жизнь, это настоящий момент, а не то, чего уже нет или то, что еще не наступило и очень даже возможно, что не наступит - не все случается так, как мы планируем.

Лучшее – это делать то, что есть у нас перед самым нашим носом: то, что необходимо сделать именно сейчас.

Каждое мгновение неповторимо, именно его и нужно прожить как откровение. И из таких радостных мгновений складывается жизнь.

Будущие эфемерные проблемы не стоит строить и героически преодолевать, так же как и постоянно перемалывать уже фактически неизменное прошлое.

Но вот проблема есть. Что делать? Успокоиться. Не принимать быстрых и бестолковых решений. Вздохнуть и выдохнуть.

Привести себя в состояние, когда нас не трясет, не обдает жаром, не покалывает иголками запястья, когда мы не белеем, и у нас не сводит губы, так, что нельзя произнести слово, и не хватает сердце. Расслабимся.

Конечно, тело и речь это инструменты сознания, но и обратная связь тоже есть. Нам предстоит решить проблему при помощи единственных инструментов – это наши тело и речь. Приведем их в рабочее состояние.

Подумаем о том, что этой проблемы не было пять минут назад и через какое – то время она все-таки исчезнет. Таков закон непостоянства: все проходит, все меняется.

Это не именно у нас постоянно плохо, это у всех и всегда возникают ситуации, которые нужно каким-либо образом разрешать.

Так человек становится сильнее. И чем сильнее человек, тем более сложные задачи перед ним встают.

Просто у кого-то жемчуг мельче, а у кого-то суп жиже. Но проблемы есть у каждого. Согласны со мной?

И свою мелкую, с нашей точки зрения, проблемку по поводу жемчуга сосед будет переживать так же как мы, к примеру, свою жизненно необходимую проблему наполнения супа.

Хотя чаще мы думает, что там - у соседа проблемка, а вот у меня проблема, так проблема. И это на самом деле так: у каждого будет именно та ситуация, которая не сломает человека, которую он сможет пережить.

Если человек настолько зрел и ответственен за свою жизнь, что может сделать выводы из произошедшего, то он станет сильнее.

Первое, что нужно сделать - оценить проблему с такой точки зрения: что в этой ситуации может произойти самое плохое. Насколько это невозможно ужасно или с этим можно как-то жить.

Второе – начать решать проблему, потому, что если она уже есть, то не стоит делать вид, что ее нет или пытаться от нее убежать. Если мы не разрешим проблему, то она (может быть в других обстоятельствах, но та же по сути), все равно возникнет через какое-то время.

Третье - нужно постараться избежать спонтанной реакции на неприятные события. Для этого неплохо уметь создавать пространство «для маневра», иметь время перед тем, как что - то произнести или сделать. Время для того, что бы совершить осознанное действие, это поможет не создавать последующие неприятности.

Не будем думать, что только бездушный эгоист не беспокоится всегда и обо всем сразу. Здесь не стоит путать переживание и сострадание. Нервничают и переживают люди из-за страха, а сострадают от любви. Сострадание, это когда мы хотим и можем помочь.

Если помочь нет возможности, то лучше не изводить себя переживаниями. Свою проблему создает сам человек и создана она не для нас, а для него.

Четвертое - не будем создавать себе проблем. Мы прекрасно можем жить и без них.

Бывает, что мы сами придумываем себе результаты последующие за каким-либо событием. Разумеется, придумываем одно хуже другого (если бы мы что хорошее придумывали, то мы бы радовались, но нас такие варианты не устраивают). И вот мы понапридумываем себе всего самого худшего и начинаем гонять эти мысли вкруговую по всему организму. А этого ведь может и не быть. Чего ради расстраиваться? Вот когда будет результат, тогда и будем думать, что с этим делать.

К примеру, сходили на собеседование. И бегаем дома по стенкам в ожидании результата. Зачем? Собеседование уже прошло – не добавить, не убавить. Ждем результата и не нервничаем, ну нет в этом никакого смысла.

Эти советы работают всегда и везде. Если их применять, то через определенное время, можно начать замечать возможные причины боли и не попадать в негативные ситуации.

Про духовные ценности

Высоцкий пел: я не люблю, когда я трушу. Так вот, я это тоже не люблю.

Жить бы без страха. Чего только мы не боимся: что случиться кризис и ухудшится наше финансовое положение, или нас разлюбят, или сын поехал на машине – а вдруг в аварию попадет, или дочка случайно забеременеет, или регулярный конец света возьмет да и случиться на самом деле.

Ну, так кризисы и концы света мы пережили уже не раз.

Потом, подумай: если ты - сама мощь, мудрость, смелость, красота, то кто тебя разлюбит? Только дурак. А тебе дурак нужен?

С сыном и дочкой все будет хорошо. Не нужно изводить их наставлениями и придирками. Это их жизни, мы им уже все объяснили, про то, что все поступки имеют следствия. Мы не можем прожить жизни за наших детей.

Взрослого человека переделать нельзя. Он сам должен захотеть измениться.

Самое интересное это то, что мы понимаем, что самое драгоценное у нас - это наша жизнь и что мы все умрем. Но на эту тему никто не переживает.

Просто знаем, что умрем и жить нам несколько десятков лет. И все.

А переживаем, про какую-то ерунду: что кто-то про нас не то сказал, или на нас не так посмотрел, или не то думает, что мы бы хотели.

Да не нужно беспокоиться о том, что про нас думают. Сегодня думают одно, завтра другое, да и вообще людям есть о чем думать кроме нас.

А еще обязательно нужно поменять отношение к себе. Что бы не переживать по поводу себя в сантиметрах, килограммах, годах и прочих единицах измерения.

Стремление выглядеть привлекательно у женщин заложено в генах: с тех далеких времен, когда у привлекательной женщины было больше шансов выжить.

Сейчас же, что бы увеличивать продажи искусственно создаются стереотипы стандартов женской привлекательности, ну и мужской тоже.

Полюбим себя, и не будем переживать ни по поводу своей привлекательности, ни по поводу того, что о нас думают или могут подумать. Если уж так все плохо – можно почитать про повышение самооценки.

Давайте совершать больше хороших поступков, наполнять свои умы хорошими впечатлениями, чтобы видеть происходящие с самой привлекательной стороны.

Если нас что-то не устраивает долгое время, то не нужно терпеть. Что бы удалить источник раздражения – можно сменить работу, партнера, город. И жить в радость и счастливо.

Еще бывает состояние: постоянно нужно что-то быстро сделать – не то, так другое, нужно постоянно все успеть. Так, торопясь, можно пропустить саму жизнь. Попробуем уехать на неделю или на выходные туда, где нет интернет и телефона. Остановимся. Или дадим себе передышку.

Что бы стать сознательным хозяином свей жизни и успешно строить свою будущую жизнь, нужно сосредоточиться на законе причины и следствия. Даже погода и состояние экономики, которые зависят от массы условий, также являются выражением созревающих слоев причин и следствий.

В наше время можно перебраться из угнетенной страны в более развитую и свободную, но бывает, что и от этого человеку не становится лучше. Потому, что он несет с собой в другую жизнь свои прежние привычки к подавленности, привычные взгляды, сложившееся поведение.

Я видела это на примере эмигрантов из Кубы, которые живут десятилетия в Испании, но так и не могут там адаптироваться.

Единственный способ изменить себя – поменять свои духовные ценности на более достойные, начать по-другому себя вести.

Про настроение.

Для поднятия настроения есть чудесная методика. Ведь настроение – наше главное оружие в жизни.

Где – то я читала, как выбрать себе невесту: среди всех возможных в перспективе невест нужно выбрать самых красивых, из самых красивых выбрать самых умных, а уж из самых красивых и умных нужно выбрать самую веселую.

Если у нас хорошее настроение, то все ладится, все получается. Все складывается само собой. Через призму хороших впечатлений все видится в самом лучшем свете. Человек совершает позитивные поступки, которые в свою очередь ведут к замечательным последствиям.

Но не бывает все просто так, это русский менталитет, когда Иванушка мечтает и обо всем, и сразу, и задаром. Работать нужно над собой: не отождествляться со своими мыслями и чувствами (они так изменчивы), вырабатывать дистанцию между неприятным, к примеру, событием и нашей реакцией на него (неплохо, чтоб реакция была бы не бестолковой, а обдуманной), и относиться к миру нужно с любовью и радостью.

Правда, если почитать газеты, послушать радио и посмотреть телевизор, то стараться нужно будет в несколько раз больше. Потому что, чтобы читали, смотрели и слушали, подаются только самые жареные новости. Про то как нападают, грабят, убивают, заболевают (самый негатив). Просто массированная атака СМИ на обывателя. Как же быть? Как выработать в себе позитивное отношение к жизни?

Есть определенная техника. Для достижения результата делаем ее не меньше трех месяцев (а лучше без конца до конца).

Необходимая подготовка – это стикеры (такие нарезанные кусочки бумаги с клееным краем). Еще карандаш или ручка. И самое основное - вы сами со своим телом, речью и умом.

Значит так: как только опустится вечер и заблестят звезды – берете стикер и ставите на нем себе оценку за прошедший день по шкале от 0 до 10: если вы ужасно относились к жизни - 0, нормально - 5, лучше не бывает – 10. Только честно.

И приклеиваете этот стикер на видное место: зеркало, холодильник или входную дверь. После этого с сознанием выполненного долга ложитесь спать.

Утром посмотрите на свой стикер. Вспомните, что повлияло на оценку, какие люди или обстоятельства не позволили вам прожить вчерашний день на 10 баллов? Положите в специальное место вчерашний стикер и начните новый день с желанием прожить его на 10 баллов.

Улыбнитесь, распрямитесь и начните свой лучший в жизни день.

Это не только то поверхностное, что воспитанный человек не может позволить ухудшить настроение окружающих из-за своего плохого состояния.

Это когда человек, на самом деле, радостно воспринимает действительность, вне зависимости насколько эта действительность плоха или хороша.

Жизнь есть и этот факт сам по себе фантастичен.

Про обиду.

Предлагаю Вам тренинг на тему: как простить обиду. Очень просто и эффективно.

Встаете в обиженную позу перед зеркалом и читаете вслух три раза в день после еды.

Я важная индюшка. Поэтому разве можно, чтобы кто-либо делал то, что ему хочется. Ни в коем случае, если я этого не хочу.

Я важная индюшка. Я знаю, что все должны говорить и что делать. Попробуйте сделать что-то не так, как я ожидаю. Я тогда на вас всех …………..обижусь. Сами будите жалеть об этом, мучиться и просить у меня прощения. Вот какая я важная индюшка.

Мне не нужна моя жизнь, я меняю время моей жизни на обижание. Зачем мне восхитительные мгновения любви, время путешествий и открытий, душевные вечера с друзьями? Все эти лучшие минуты я променяю на минуты обиды. Мне не жаль мою жизнь. Пусть минуты обид становятся сутками, позже неделями, годами и десятилетиями.

Меня устраивает жизнь обиженной индюшки.

Как индюшке себя увидеть со стороны? Важные индюшки никогда не видят своих нахмуренных бровок, поджатых губок и всей нелепой, глупой и смешной физиономии.

Я такая важная индюшка, что все только и делают, что обсуждают мои слова и поступки. Мне кажется, что я одна большая мишень для всех злословий. Поэтому я пытаюсь возвести вокруг стены замков и рвы с водой, чтоб никто не подошел поближе. Пусть я буду далека и одинока, но в обнимку с моей уязвимостью.

Я важная индюшка. Правда, завишу ото всех. Мне самой, ну очень, нужно замечать чужие чувства, слова и поступки. И я, конечно же, стану оценивать их по отношению к себе любимой. Если замечу, что счастлив тот, кто мне не нравится или кто-то незаслуженно обладает тем, что совершенно справедливо должно было бы принадлежать мне и только мне – вот тогда вы от меня все и сразу про себя узнаете.

Ваше дело находиться в тени моего превосходства. Если не так – обижусь (чтоб не заметили, до чего я зависима ото всех).

Я индюшка, которая постоянно переживает из-за того, что люди подумают обо мне. Точнее, меня тревожит, как люди ко мне относятся. От слов и жестов окружающих зависит вся моя жизнь - мое настроение, самочувствие, убеждения.

А раз так, то за все, что со мной происходит, ответственен кто угодно, только не я сама. Это все вокруг должны измениться, что бы я стала счастлива. Да, я кукла в чужих руках. Я выбираю зависимость от окружающих.

Еще я умею раздуть из мухи слона. Знаете, как лучше ответить на любое действие со стороны? Обидеться. Замкнуться. И надуться.

Пусть не скажу я: милый, ты подарил мне этот чудный вечер и закат. Зато буду нудеть неделю про то, что меня все не понимают и все, понятно дело, не правы.

Кому сейчас легко - чтоб довести муху до размеров слона, придется потрудиться: накачать ее энергией своей, ну и вашей тоже.

Еще я нищенка. Настолько я бедна, что нет во мне щедрости для подарка, смеха, просто улыбки. Нет величия для понимания и прощения. Нет мудрости и сочувствия для помощи другим и себе. Нет радостного усилия для преодоления лени.

Я настолько бедна, что мне нечего подарить пространству и в ответ пространству нечего мне хоть что-либо дать.

Меня задевает любое слово, даже сказанное не про меня, я трачу жизнь на обиды, я не вижу себя со стороны, меня тревожат мелкие мелочи, я переживаю из-за мнения окружающих, я так ограничена и бедна.

Пожалейте меня – я неправильно понимаю происходящее, неправильно на него реагирую, получаю последствие моих дурацких слов и поступков, страдаю и опять не правильно решаю мои ситуации в жизни.

Я так несчастна - жалейте меня, хольте и лелейте.

Как перестать нервничать.

Как перестать нервничать и волноваться по пустякам? Вообще возможно ли это? И как вы думаете, нервничать и волноваться – это одно и то же или нет?

Похоже, что это разные вещи. Волнуемся мы в фантазиях о том, что может произойти или не произойти. Вроде придет/не придет, поцелует/не поцелует. А вот нервничаем уже по факту, это уже настоящее действие.

Вот, к примеру, едете вы на встречу, а по дороге ДТП – водители нашли друг друга, машины их слились в одно целое и все кто радостно ехал на них, теперь или образцово-показательно нервничают или опять-таки радостно воспитывают в себе терпение.

Для того, чтобы мы не нервничали нужно просто изменить реальность посредством изменения своей реакции на реальность.

Вот живем мы в социуме. По законам социума. Климат предполагает наличие определенных жилья, одежды и пищи (вода может быть платной, может, нет, а кислород еще бесплатный).

Большинство из нас поставлено в такие условия, что за эти необходимые вещи нужно платить. Платим принятой в социуме валютой. Получаем ее по-разному, но смысл один – *Мы Отдаем За Деньги Свое Время И Силы*.

Поэтому *Каждый Считает Деньги*. Вокруг нас всюду торговля и всему есть цена, как эквивалент значимости и качества продукта.

А еще *Мы Считаем Наше Время*. Чтобы встретиться в пространстве, нужно обозначить место и время. Мы планируем свой день с момента пробуждения и до того, как заснем.

Заметьте, что большинство из нас давно привыкло и с удовольствием пользуется плодами техники и цивилизации – так, на другой конец города не шлепаем полдня, а норовим добраться на машине или, на худой конец, на автобусе.

Мы Экономно Относимся К Нашим Физическим Усилиям.

Последнее слово было про усилие. Так вот, наши *Усилия Могут Быть Не Только Физическими, Но И Психическими*. И вот этот аспект мы совершенно не цифруем (то есть не отслеживаем).

Дорогие мои, да *Мы Не Ценим Наши Эмоциональные Усилия!!!*

Станете подниматься на пятнадцатый этаж, если есть лифт? Вряд ли. Зачем напрягаться: пыхтеть, потеть, потом, пардон, еще и ароматить?

А как решается вопрос: стоять ли в очереди на почте 3 часа или заглянуть завтра, в надежде, что очереди не будет? Да, нет фанатов в очереди на почте стоять, время-то не резиновое.

И с этим все понятно, это для нас естественное решение – *Экономить Силы И Время*.

Но так же естественно для нас и завестись с пол оборота от того, что лифт сломан или время придется в очереди убить. Мы раздражаемся мгновенно и постоянно.

Что мы себе позволяем? Растрачиваем в пустую наши эмоциональные ресурсы. Мы их не замечаем, мы ими не дорожим. Но ведь эмоциональные усилия это одна из составляющих наших общих усилий.

Так почему же так происходит? Просто, с эмоциональным ресурсом устроено все по-другому.

Вот, к примеру, возьмем деньги, как эквивалент наших общих усилий. Если мы потратим деньги, что в нашем кошельке останется? В лучшем случае их станет меньше.

Если мы чему-либо уделим наше время, что будет? В лучшем случае что-то полезное, но время мы потратим, его станет меньше.

Землю копать пробовали? Есть какой-никакой опыт тяжелого физического труда? Что после того как? Усталость, силы потрачены.

А если эмоции взыграли? Становится их меньше? Нет. Их больше становится. Мы на чувства ведемся, возбуждаемся и еще долго-долго несемся на этой волне. Мы уже и не хотим во всем этом вариться, да выйти из созданного состояния не можем.

Дорогие мои, давайте-ка начинать жить осознанно. Давайте зарубим себе на носу, что то, что *Мы Нервничаем - Это Тоже Самое, Что Мы Отдаем Свое Время И Силы, Это Наши Потраченные Усилия.*

Для улучшения психологического здоровья я призываю Вас находить в себе силы не реагировать мгновенно на то, что не нравится и успевать задать себе вопрос:

Кто-то Собирается Мне За Это Заплатить? Кто Будет Оплачивать Мой Расход Энергии?

Про беспокойство.

Нам не нужны проблемы, мы отлично можем обходиться и без них. И беспокойство, приводящее мысли в хаос не нужно нам совершенно. Не нужно считать, что подобные состояния возникают самостоятельно, против нашей воли. Если не пытаться, что-либо предпринять для того, чтобы не реагировать, таким образом, то ничего и не изменится. Попробуем вспомнить такой день, когда нет ни мимолетной досады, ни малейшего раздражения. Конечно, они есть, но запоминаются больше дни, когда что-то не то и не так. Более того, мы привыкли раздражаться по малейшим пустякам.

Психологи нам вещают, что все в порядке и постоянное возбуждение, как реакция на внешние раздражители, совершенно естественно. Но предостерегают. От попыток присесть на успокаивающие.

Выход один - преодолеть привычку неконтролируемого раздражения.

Давайте рассмотрим причины его возникновения.

Первая причина биологическая. Она заложена в природе человека для того, чтобы выжить в полной опасностей первобытной среде. Начало в эндокринной системе, выбрасывающей в кровь гормоны стресса. Много веков назад человек или спасался бегством или боролся за свою жизнь.

Сейчас не часто возникает угроза потери самой жизни, больше нас съедает или ложная вина, или страх, что нас разлюбят, что потеряем стабильный доход (сокращение, увольнение), что заболеем и тому подобное (как бы вдруг чего не случилось).

Вторая причина в образе жизни. Так же, как необходимо приводить в тонус мышцы, и различные области мозга нуждаются в стимуляции, в нашем случае это участок мозга, отвечающий за безопасность.

Здесь у каждого свой порог риска. Одни летают на дельтопланах, работают каскадерами, другие, что потрусливей, вроде меня, получается, придумывают себе тревоги и страхи. У обеих категорий людей стимулируется сектор страха в головном мозге. Только одни получают удовольствие, а другие трясутся и психуют.

Третья причина в половой принадлежности. Женщины более подвержены стрессу.

Как можно заметить, мужчины быстро все забывают и живут себе припеваючи. А женщины все помнят (типа: а помнишь, как в этот день, пятнадцать лет назад, ты меня первый раз поцеловал, на мне тогда было платье белое в горошек). Мы более эмоциональны, и из глубины веков у нас осталась функция заботы (читай переживание за выживание) о потомстве.

Причина четвертая, приобретенная. Если с детства видеть такую манеру поведения: переживать по любому поводу, то ее можно и перенять. Причем перенять можно быстро, а избавиться - процесс сложный и длительный.

Мы разобрали, откуда берется привычка волноваться, теперь поговорим о том, как от нее избавиться.

1. Если заведомо знаете, что не сможете справиться с определенной ситуацией – избегайте ее.

К примеру, сильно расстраиваетесь, когда слышите трагические сообщения или пропаганду красивой жизни (только до конца месяца, купив Феррари, вы сэкономите сто тысяч рублей), ну, так и не слушайте новости по радио и телевизору. Знаете, что этот человек выльет на вас водопад негативных сенсаций, сделайте волевое усилие – не общайтесь с ним.

2. Если слышите истерические и не оптимистические сенсации, то далеко не факт, что они истинные. Прежде чем расстраиваться попробуйте проверить достоверность информации.

3. Если вы уже попали в неприятную ситуацию, попытайтесь найти в ней хоть что-то приятное.

У кричащего начальника может быть красивый галстук, у гаишника возможно дома симпатичный сынишка, у недружелюбной чиновницы линия носа удивительно ровная, украшение стильное, ну, хоть что-нибудь да есть, на что можно отвлечься и улыбнуться.

4. Психологи считают, что нельзя одновременно испытывать и удовольствие и страх. Пусть в данном случае удовольствие станет противоядием – погрузитесь в свои головокружительные успехи.

Хвалите себя чаще и вспоминайте комплименты.

Про бессмертие.

Тема эта занимает умы людей с безначальных времен, потому, что мы все находимся в одинаковой ситуации: мы родились и когда-то умрем.

Во все века, что только люди ни ели, ни пили и ни делали, чтобы наперекор судьбе продлить свои годы жизни.

Сейчас не средневековье, ртуть, гремучих змей и молозиво мы не употребляем, но научная мысль в поисках бессмертия не остановилась.

Предлагаю вам ознакомиться с несколькими предложениями, основанными на новейших исследованиях.

ЕСТЬ НАДО БЫ ПОМЕНЬШЕ

Исследовать крысок стали с 34 года прошлого столетия на протяжении 50 лет. Мало кормленные (но с полным составом необходимых для жизни витаминов и минеральных веществ) животные прожили почти, что в два раза дольше.

Существуют разные группы людей, стремящихся продлить свою жизнь, например Общество Ограничения Калорий. И они на самом деле имеют омолаживающие результаты. На Окинаве существует традиция хара хачи бу - прекращения трапезы до полного чувства насыщения. Жители этих островов являются долгожителями. Их рацион в день не более 1200 калорий.

ХОРОШО БЫ ЗНАТЬ НЕСКОЛЬКО ИНОСТРАННЫХ ЯЗЫКОВ

В зрелом возрасте люди подвержены таким неприятным заболеваниям, как слабоумие и болезнь Альцгеймера.

Многочисленные исследования показали, что люди, владеющие хотя бы двумя языками, если и подвержены таким заболеваниям, то намного позже. Скорее всего, это можно объяснить тем, что человек, владеющий двумя языками, создает в своем мозге резерв или возможность функционирования при повреждении. У взрослых людей, начавших изучение второго языка, так же наблюдается улучшение функционирования мозга.

А ЛЮБИТЕ ЛИ ВЫ ГОРЫ

Было бы неплохо, потому, что много долгожителей как раз и живут в горах. Прекрасные панорамы, воздух, преодоление спусков и подъемов этому способствуют.

НОВЫЕ ТЕХНОЛОГИИ В ГЕННОЙ ТЕРАПИИ

Испания. Национальный центр исследования рака. В 2012 году при помощи генной инженерии естественная жизнь подопытных мышей продлена на четверть. Опыты проводились над взрослыми особями.

ХОРОШО БЫТЬ ФИНАНСОВО ОБЕСПЕЧЕННЫМ

Есть такая закономерность - достаток наблюдается рядом со здоровым образом жизни, который ведет к долголетию.

В бедных странах люди живут меньше, чем в богатых странах. В благополучных странах жизнь богатых людей более долгая, чем у бедных людей.

НЕ ОТКАЗЫВАЕМСЯ ОТ МЕДИКАМЕНТОЗНЫХ ЛЕКАРСТВЕННЫХ ПРЕПАРАТОВ

Если есть спрос, то есть и предложение. Лучшие фармакологические институты постоянно совершенствуются в разработке лекарств, продлевающих жизнь, по крайней мере, у животных. Если мыши живут дольше, то есть надежда и у людей.

А НЕ ВЫРАСТИТЬ ЛИ НОВУЮ ПОЧКУ, ТАК, НА ВСЯКИЙ СЛУЧАЙ

Люди умирают, если отказывает жизненно важная система или орган.

Технологии выращивания кожи уже проверены годами, не так давно появились прецеденты выращивания сердца и мочевого пузыря. Мозг вырастить нельзя, но точные клеточные структуры человеческих органов воссоздать уже можно. Выращиваются они из клеток самого пациента, поэтому нет риска отторжения.

ЖИЗНЬ ДЛЯ ДРУГИХ

Нет смысла в жизни для себя. Чтобы помочь себе нужно помочь другим. Это подтверждается эмпирическими исследованиями (было проведено более 30 исследований) "Корпорацией национальных и местных добровольческих программ".

Было доказано, что бескорыстная помощь другим людям увеличивает нашу жизнь. Вокруг нас появляется больше друзей, ценность которых увеличивается в зрелом возрасте, и помогает нам жить дольше (к сожалению, это не подтверждается в семейных отношениях).

Если можно поспорить о советах приведенных выше, то о последнем спорить не приходится. Ничто не приносит нам столько удовлетворения, как добро для другого человека.

СМЕРТЬ НЕ ПРОБЛЕМА. ПРОБЛЕМОЙ СТАНОВИТСЯ ЖИЗНЬ БЕЗ СМЫСЛА.

Как принять правильное решение.

Знаете ли Вы, как принять правильное решение и что влияет на принятие нами решений?

Все идет от нашей системы ценностей и информации, которой мы обладаем.

Давайте разберемся: почему так бывает, что мы принимаем неверные решения?

Решаем мы, как правило, свои жизненные ситуации. Если они для нас проблемные, значит, задевают за живое, значит, они эмоционально окрашены. В первую очередь, именно личные эмоции не дают нам принять верное решение.

Поэтому когда у сотрудника таможни машину подожгли, то нам совершенно ясно почему – достает он честных граждан, привозящих себе автотранспортные средства из-за границы. А вот почему нам в машине разбили камнем лобовуху совершенно не понятно и обидно.

1. У каждого из нас есть интуиция. Говорят, что самая первая мысль верная. Можно ли безоговорочно этому доверять?

Думаю, только в том случае если у нас развитая интуиция. Если мы убеждались на опыте, что интуиция нас никогда не подводит.

Если же нет, то не помешает дополнительно поразмышлять, перепроверить факты, найти побольше информации по нужной теме. Думать нужно своей головой.

2. Мы, как правило, придерживаемся одной манеры поведения, держимся за пьяниц-драчунов мужей, за скучную работу, за город или село, в котором живем всю жизнь.

Из-за боязни, негибкости своего мышления мы теряем множество предоставляемых нам возможностей, обедняя свою жизнь.

Вспомните, что говорил Ипполит в фильме «Ирония судьбы или с легким паром». Что с нами стало, мы перестали делать прекрасные глупости. Мы не лазим в окна к любимым женщинам.

Мы хотим стабильности, но ее нет. Есть же Закон непостоянства. Непостоянно все. Внесение самого небольшого изменения в наши устоявшиеся привычки выливается в грандиозные изменения.

Главное не бояться изменений. Они предлагают прекрасные возможности, которые многократно лучше нашего настоящего.

-Давайте рассматривать происходящее как одно из возможных предложений.

-Если у нас есть цели, то, давайте посмотрим, насколько эффективнее будет их достижение, если мы готовы меняться.

-Не нужно бояться вносить в нашу жизнь что-то новое. Сложности решаемы, все получится.

3. Еще мы бываем хозяйственными до безобразия. Если мы потратили силы, время и деньги на дело (или отношения), которое, как мы сейчас понимаем, не приведет нас к достижению желаемой цели, то следует дело это оставить.

Давайте не жалеть того, что уже затрачено. Таким образом, мы сэкономим то, что еще бесполезно не вложили в будущем.

Не нужно негодовать, действовать себе на нервную систему, потраченного не вернуть, пусть это будет всего лишь одной из миллиона потерь.

Основное это достижение цели. Что мы хотели в результате? Если данный путь к нужному результату не ведет, значит нужно выбрать другой путь.

4. Когда мы принимаем решение, то иногда играем с собой в игры. Мы подсознательно хотим защитить свою правоту.

Избегаем дополнительной информации. Или ищем там, где ее нет – в той среде, где мы заведомо знаем, что наше решение поддержат.

Давайте определимся, что мы хотим: чтоб нас в принятом решении поддержали или выяснить - нет ли альтернативных возможностей?

5. На принятие наших решений действуют стереотипы, сформированные обществом, в котором мы живем. Мы считаем безобидными старушек, интеллигентами учителей и врачей.

Но стереотип это не факт, а предположение. Не стоит делать поспешных выводов, попробуйте проверить, действительно ли объект несет те характеристики, какими мы его награждаем.

6. Так как мы живем в обществе, то психологически мы ведем себя как все. Нас легко сбить с толку.

Я как – то видела такой эксперимент: одну и ту же фотографию мужчины показали и попросили описать в двух группах людей. Причем в первой группе сказали, что это опасный рецидивист, а во второй, что ученый с мировым именем.

Люди соответственно и описывали один и тот же взгляд, лоб, линию губ, в первой группе, как то, что несет опасность, определили отсутствие интеллекта, а во второй видели прогрессивного мыслителя.

Так как же нам быть с общественным мнением? Не следует его безоговорочно принимать, если оно не соответствует логике.

Но тогда уже нужно быть готовым стать белой вороной, если наше мнение не такое, как у большинства. Давайте не зависеть от окружающих, не бояться того, что глупцы нас назовут глупцами.

7. Бывают проигрышные ситуации, когда понятно, что желаемого не добиться.

Раньше я, заведомо зная, что уже ничего не выйдет, продолжала упрямо отрабатывать все возможные пути. Чтоб самой себе доказать, что я сделала в этой ситуации все возможное, и если не получилось, то моей вины в этом нет.

Скажу вам, что это большая потеря нервов, сил и времени. Если со всех сторон тупик – не нужно разбивать в кровь лоб об стену.

В таких случаях следует вспомнить о Законе причины и следствия. Все ситуации, в которые мы попадаем это следствие наших поступков. Даже если мы не видим явной причинно-следственной связи.

Примем настоящую ситуацию, как свершившийся факт и отреагируем на нее максимально лучшим образом.

Про скуку.

Бывает иногда скучно. И ничего не радует. Серый город, однотипные дома. Бывает, небо месяцами затянуто тучами и нет солнца. Что делать если скучно? Нужно понять, что происходит и из-за чего.

ЕСЛИ ЭТО ПРОСТО ОБЫЧНАЯ УСТАЛОСТЬ, то нам поможет смена однообразия. Нужен отдых. Давайте, поедем куда-нибудь в отпуск (в другую страну), или на выходные в другой город, или с рюкзаком в лес.

ЕСЛИ ЭТО ДЕПРЕССИЯ, то уже сложнее. Как выйти из депрессии, когда все кажется бессмысленным? Мы разочарованы. Руки ни к чему не лежат.

Для того, что бы краски заиграли снова хорошо бы, отправиться в путешествие, таким образом, вырваться из привычного круга (работа-магазин-дом-работа). Смена впечатлений - это здорово.

Можно завести себе живое существо, о котором нужно заботиться. К примеру, можно завести ребеночка. Не хотите? Можно сразу побольше мальчика завести, лет скажем, тридцати. Если и такого желания нет, тогда можно завести птичку, грызуна или рыбку.

Я вот на грызуне остановилась - у меня шиншилла живет в большой клетке. Прихожу с работы, беру что-нибудь из еды, сажусь у клетки и - я с одной стороны что-нибудь грызу, а шиншилла с другой стороны грызет шиншилячью вкуснотищу: всякие там веточки, сено, зернышки. Красота.

Подумаем о неосуществленной ранее мечте – что хотели, но так и не сделали. Может быть это занятия каратэ или картину нарисовать всю жизнь хотели. Так начнем рисовать и ходить в спортзал.

Есть более меркантильное занятие, с пользой, так сказать. Имя ему вечный ремонт. Перестановкой мебели рекомендуют раз в три года заниматься. А дальше уже увидим, что подклеить и подкрасить. Куда хандра денется.

Лучшее себе применение это, конечно, помогать людям. Всегда можно найти, кому помочь. И людям пользу принесем и себе.

А можно себя побаловать. Я вот так делаю, если мне плохо: накрашусь, наряжусь и иду собой мир украшать. По бесконечным магазинам. Типа шопинг. Сюда подойдут и всякие SPA-салоны и массажные кабинеты, бани-сауны-бассейны.

БЫВАЮТ ЕЩЕ МЕЛАНХОЛИЧЕСКИЕ ПЕРИОДЫ. От них можно не бежать, а насладиться сполна: послушать саму себя, поплакать над книжкой или фильмом и обязательно представить, как все изменится в лучшую сторону. Так и будет.

Очень хорошо, если мы в подавленном состоянии, заняться творчеством. Начать выражать себя в живописи, скульптуре, танцах, песнях, сказках, фотографировании, вязании, вышивании, биссероплетении, занятием макроме, оригами и т.д.

В общем, чтоб вернуться в деятельный мир нужно самому начать действовать. Сделаем хоть что-то. Пусть для себя. Нужно увидеть результат своего труда.

Нужно найти дело, которое приносило бы удовольствие - реализовать свои возможности. Психологи рекомендуют вспомнить детство. Вспомнить то, что удавалось и приносило радость.

Любое занятие, которое приносит удовлетворение – это наше лечение, чтоб прошла хандра и скукота.

В этом состоянии нельзя замыкаться в себе. Наоборот, нужно найти людей, которые разделяют наши ценности, найти общение. Давайте участвовать во всевозможных мероприятиях города, поселка, и т. д. Ходить в кино, на выставки, экскурсии.

Если мы не работаем (воспитываем ребенка) – устроим праздник, повод всегда найдется, пригласим друзей, подруг с детьми.

Другими словами, выход в том, чтоб определить цели и приложить все усилия к их достижению. Жизнь без смысла – это дорога в депрессию.

Про общение.

Мы постоянно контактируем друг с другом, поэтому так важна психология общения. Треть жизни мы проводим на работе, треть во сне и треть приходится на личную жизнь: семью, друзей, увлечения.

Поговорим о той трети, что приходится на работу. Наше отношение к коллегам, начальству, подчиненным, можно рассматривать как одну из двух сред, поставляющих нам раздражители.

Раздражение это вид гнева. Оно появляется из-за того, что концептуальный ум человека оценивает все происходящее по отношению к себе и только к себе. Гнев возникает, если происходящее нам не нравится. Либо оно нам угрожает, либо может отобрать наше счастье (у каждого свой набор условий, чтобы быть счастливым). Это естественное состояние человека, если не работать над собой.

А надо бы поработать. Потому, что каждому более приятно находиться с интеллигентным, воспитанным человеком, чем со вспыльчивым и гневным. Если рассматривать наш гнев и его проявления, то поступки, совершенные в состоянии эффекта, чаще всего неисправимы.

Когда же этот поток негатива направлен на нас, то выход из состояния раздражения может продолжаться и часы, и дни, и недели.

Мы переживаем, постоянно возвращаемся к произошедшему, и раз за разом доказываем себе, что мы правы или вовсе здесь не причем.

Природа конфликта в противопоставлении себя и окружающих. Нагляднее всего это проявляется во взаимоотношениях.

Раздражение на работе проявляется в мелочах, когда время бесполезно тратится на разговоры, отвлечения и объяснения. Если на работе мы общаемся с большим количеством людей, то тратим себя эмоционально, а рабочее время неэффективно.

Раздражение может быть вызвано страхом потерять работу. Поэтому, давайте, почаще смотреть приглашения на работу в специализированных интернет ресурсах или СМИ. Увидим, сколько предлагается вакансий, какие требуются данные у соискателя и что предлагаются за наш труд. Это поможет стать спокойнее, ведь мы всегда востребованы. Нам ничего не угрожает.

Если мы терпеть не можем свою работу, коллег или начальника, то это тоже может быть причиной постоянного раздражения. Но ведь мы не одиноки. Проведенные в четырнадцати странах исследования, говорят о недовольстве своим местом работы от девятнадцати процентов в Израиле до пятидесяти восьми процентов в Японии и Голландии.

Было бы здорово твердо знать, что ведет нас к достижению поставленных целей. Так можно было бы расставлять приоритеты, не распыляться, тем более не нервничать, по поводу мало что значащих для нас событий. Ведь мы раздражаемся из-за мелочей, которые по большей части нам и не нужны и не важны (мы через неделю, месяц, год о них и не вспомним).

Если же говорить о жизненно важных целях, то есть научные разработки института психологии РАН. В их основу положена зависимость величины негативных чувств от величины неудовлетворенных потребностей.

Под потребностями принимаются именно жизненные приоритеты, основанные на пристрастии к чему-либо. Наиболее ярко выделяются шесть потребностей, каждая из которых граничит со страстью и поэтому может быть источником раздражения.

Это *ЧРЕЗМЕРНАЯ ЛЮБОВЬ К СЕБЕ* и потребность ощущения своей значимости. Необходимость постоянного внимания к своей персоне – чтобы все и постоянно испытывали во мне необходимость и любили бы меня. Любая мелочь (в отношении меня) может испортить жизнь, хотя стоящий рядом человек, эту мелочь вовсе не заметит.

СТРЕМЛЕНИЕ К СОВЕРШЕНСТВУ, в маниакальном проявлении это требование того, чтоб все происходило лучшим образом. И как следствие недовольство всем.

Тяга к тому, *ЧТОБЫ ВСЕ ДЕЛАЛОСЬ БЫСТРО*, быстрее и еще быстрее. Раздражает всё, что этому мешает и все, кто делает что-либо медленней, чем я (а быстрей меня сделать нельзя). Из всего этого следует полнейшая неудовлетворенность.

МАКСИМАЛИЗМ СВОБОДОЛЮБИЯ свойственен тинэйджерам, но иногда остается до преклонного возраста. Выражается в протесте ограничений (буду делать, что хочу и когда захочу). Так как в социуме это редко возможно, то возникает болезненное неприятие, которое выражается или в агрессии, или, наоборот, в депрессии.

ЖЕЛАНИЕ ДУШЕВНОЙ БЛИЗОСТИ. Душевная близость понимается единственно возможной формой общения. Деловые отношения не воспринимаются. Если окружающие люди не хотят быть задушевными друзьями, мы страдаем, считая себя одинокими.

ПОГОНЯ ЗА УДОВОЛЬСТВИЯМИ. Все, что отнимает или уменьшает время получения удовольствия, воспринимается в штыки. Любая работа раздражает.

Лечение этих страстей начнем с того, что признаем свою зависимость. При ощущении дискомфорта, раздражения, понимаем, что происходит - нас атакуют наши мешающие эмоции. Из-за чего происходит? Честно находим ответ. Если, к примеру, никто не замечают наши достижения – значит, нас атакует гордость.

Прежде всего, нужна мотивация. Если мы осознаем, что мы плохо функционируем в жизни, или наши зависимости от неудовлетворенных потребностей сказываются на нашем здоровье, то нужно. Мы описывали в статье определенные состояния, которые ведут к заболеваниям. Давайте посмотрим, нет ли у нас:

1. Желаний, воплотить которые нет возможности из-за того, что нас не устраивают, к примеру, наша семья, заработок и сама работа.

2.Жестких представлений о жизни, успехе и требований к себе.

3.Непонимания, почему к нам относятся не так, как мы этого заслуживаем.

Первое ведет к неврастении, второе к неврозу навязчивых состояний, третье к неврозу истерическому.

Наша жизнь – это единственная ценность, которая у нас есть. Длинная жизнь без здоровья удовольствия не принесет. Вот и получается, что хорошо функционировать в жизни это необходимость.

Про вредные привычки

Мы живем в твердом физическом теле и мире. Нам приходится удовлетворять потребности тела и подчиняться законам общества, в котором живем.

У каждого. Совершенно у каждого человека есть то, что мешает ему жить.

Не от того, что все люди такие плохие. Нет, у каждого из нас есть сверкающее, ясное, бесстрашное, сочувственное пространство ума. Мы не осознаем его

Мы не осознаем его из-за того, что оно закрыто жесткими общепринятыми идеями и эмоциональными состояниями, такими как гордость, ревность, обида, привязанность, глупость, гнев и не только в чистом виде, но и в разных комбинациях друг с другом. Мы испытываем эмоциональный стресс и под его воздействием совершаем поступки, за которые потом стыдно, хватаемся за голову и спрашиваем себя: как я могла так поступить? Мы даем себе обещания, что никогда подобного не повторим.

И мы нарушаем наши обещания. Просто потому, что наши клятвы еще не упали с нашего язычка к нам в сердце. Они не стали нашей второй натурой, нашим убеждением, нашей системой мировоззрения.

Работа над изменением наших ценностей начинается с того, что мы берем ответственность за свою жизнь. Это когда мы перестаем винить в наших косяках окружающих: погоду, мужа, сослуживца, быстро проехавшего рядом с нами, к сожалению, по луже, автолюбителя. То есть причиной наших проблем являемся мы сами.

Здесь и начинается работа с мешающими эмоциями. Эмоциональная окраска поступков и эмоции сами по себе не являются плохими. Это просто наша реакция на окружающий мир. А вот если мы трансформируем эту эмоцию, то получим мудрость в виде опыта.

Борьба с вредными привычками при помощи такой тяжелой артиллерией как запреты неэффективна. Потому, что чем больше мы станем прилагать усилия и уделять внимание эмоциям, тем больше мы будем их подпитывать собой, своими же силами и энергией. Но выиграть эту борьбу реально. Методы такие есть.

Вредные привычки это наши зависимости. Возьмем переедание. Через короткое время это уже ожирение, снижение привлекательности и начало заболеваний: диабет, инфаркт, гипертония.

Более понятна зависимость чрезмерного веса и болей в суставах (последние не выдерживают), но мы радостно продолжаем не совсем правильное питание в перерывах с клятвами о его прекращении. Не нужно себя заставлять. Достаточно просто осознать в каждом мгновении его последствия. Через сотый раз рука не возьмет кусочек сахара.

Так же можно и нужно понять природу наших мешающих эмоций. Она в том, что мы в самой основе неверно противопоставляем себя окружающему миру. И все делим на приятно/неприятно/не понятно приятно или неприятно. По отношению происходящего к себе.

Именно отсюда происходит ревность, когда кто-то счастлив без нашего участия, а нам это не нравится.

Или привязанность, когда что-либо является в нашем понимании составной частью нашего счастья, мы хотим этим завладеть и более того – удержать, ведь это нам нравится.

Гнев, когда нам наоборот что-либо не нравится, и мы стараемся отдалить, оттолкнуть и не допустить.

Какие у нас есть виды зависимости? Возьмем, к примеру, зависимость от курения. Нужно признать, что таким образом мы решаем свои потребности. Нас принимает курящая компания - и мы не одиноки, у нас есть время для концентрации - и в это время мы решает свои проблемы. Мы просто знаем, чем нам занять свои руки.

Понимаем, что курение вредит здоровью. Но так мы лучше функционируем в обществе. Мы привыкли так поступать, нам это уже помогло не одну тысячу раз.

А если найти другие пути достижения цели? Их множество. Нужно сделать волевое усилие и достигать концентрации другим методом, можно занять свое время и руки иным, не менее увлекательным занятием.

Давайте осознаем происходящее, примем за него ответственность, найдем альтернативные пути удовлетворения своих потребностей. И начнем претворять их в жизнь.

Как построить свою жизнь

Каждый хочет счастья. Но каждый понимает его по-своему.

Что делаем сами? Слушаем теленовости, смотрим фильмы, читаем книги, но там мы скорее видим трагедии, которые нужно преодолеть. Чтоб достигнуть счастья.

Взять, к примеру, цикл советских книг Жизнь Замечательных Людей. Это повести исковерканных судеб.

Мы учимся не на счастье, мы отождествляемся с несчастьем. Сопереживаем судьбам героев, попавших в трагические обстоятельства, несчастная любовь, гибель, мщение.

Я сама раньше считала, что любовь не может быть вот так сразу, любовь нужно выдержать годами, именно такая любовь будет настоящей, счастье выстраданным. Я на самом деле так думала и так жила. Но это не правильно.

Ничего не нужно добывать, все уже есть. Просто будьте счастливыми. Для самых недоверчивых, кто любит все проанализировать, и взвесить могу предложить несколько пунктов подтверждающих, что счастье у нас есть.

Что нам доставляет радость жизни? Может быстрая езда на машине, вкусная еда, секс, закаты, банька, тренировка, поход в горы, встреча с друзьями? Запишем все, станем просматривать раз в неделю и дополнять новыми желаемыми удовольствиями, а те, которые нами достигнуты удалять. Мы увидим подтверждение того, что жизнь удается, есть счастье в нашей жизни.

Постараемся жить, не анализируя постоянно прошлое и не планируя будущее. Останемся между ними. Жизнь это именно сейчас. И это «сейчас» нужно прожить радостно, ведь печальное настоящее через минуту уже станет печальным будущим.

Да, я не уточнила, счастье, которое мы сейчас для себя подтверждаем - это то, что мы в состоянии сделать сами. Оно не должно быть зависимым от деда мороза или не знаю, откуда взявшегося волшебника - миллионера. То есть не просто хотелось бы, но мною может быть достижимо. Потому что мы приходим в этот мир чтобы изменять не кого-то, а самих себя: наши мысли, чувства, талантливые поступки.

Теперь, когда мы четко понимаем, что мы хотим, нужно четко определиться, чем мы располагаем. Из чего все будет строиться. Отгадайте, что будет отправной точкой нашего грандиозного роста? Во-первых, не что, а кто. И это, конечно же, мы сами. Сделать себя счастливыми можем только мы сами. Поэтому неплохо бы оценить свои силы и примериться с тем, что имеем. Опять составляем список. На этот раз наши лучшие качества, на которые мы будем опираться и те качества, от которых будем избавляться. Но только последние записываем, сразу превращая их в достоинства: я не очень сообразительный, но зато не делаю поспешных поступков, да, я не красавица, зато меня полюбят уж точно не за внешность, а за душевные качества.

И последнее – будем активны, лучше быть занятым и чувствовать себя всем нужным, чем ничего не делать, ни к чему не стремиться и в конечном счете деградировать.

Все в уме. Все зависит от нашего восприятия реальности. У каждого из нас есть проблемы, но если их воспринимать как катастрофу, то скоро сам превратишься в эту катастрофу.

Давайте воспринимать ситуации, возникающие в жизни, как экзамен, который нужно решить быстро, верно и радостно отхватить у жизни в поощрение кусочек опыта. И это уже другое дело. Это уже удовольствие от проверки себя на прочность, это игра, это драйв.

И нам не перед кем отчитываться, кроме как перед самими собой. Все для счастья у нас уже есть.

Наши дружеские или партнерские отношения и материальные ценности это все приходящее. Ведь знаем, что люди с хорошим достатком тоже бывают несчастны. Знаем, что у кого-то есть любовь, а он ее не ценит и несчастен из-за чего-то другого.

Найти, о чем печалиться можно без проблем. Но не нужно. Не нужно воспринимать происходящее слишком серьезно. Попробуем довольствоваться тем, что имеем.

Будем готовы стать счастливыми. Просто быть счастливыми и все тут. Ничего для этого дополнительно не надо.

Про счастье

В поисках счастья мы истерли не одну пару железных башмаков и железных посохов. Проходят века, столетия, жизни, а мы все в поисках счастья.

Ищем потому, что очень хочется и есть отдельные примеры. Есть на свете счастливчики. Кто они? Где их можно найти? Среди нас.

Их никогда не увидишь удрученными, задавленными проблемами. Счастливчики это сильные, сочувственные, бесстрашные и мудрые люди. В них так много щедрости и открытости, что их все любят и хотят быть на них похожими. Рядом с ними много пространства, все удается, проходят страхи и неудачи.

Такие люди нравятся всем. Вроде они, как и все мы, да что-то не так. Почему они ничего не бояться, так радостны, открыты? Потому, что они независимы.

Они меньше заботятся о себе, больше думают об окружающих, они не сильно переживают из-за того, что могут кому-либо не нравиться, из-за сплетен за спиной, возможных неудач или потерь.

Ведь это все так *НЕПОСТОЯННО* (сегодня ты нравишься, завтра другой, сегодня тебе моют кости, назавтра клянутся тебе в дружбе) и *ОТНОСИТЕЛЬНО* (потери оборачиваются приобретениями, а неудачи становятся началом грандиозных восхождений).

Их не сбить с толку, они знают, что все вокруг делается с наилучшей мотивацией и уверены, что все вокруг совершенно, все искрится и сияет новыми возможностями.

Препятствия становятся трамплинами, неудачи показывают лучшие пути. И они хотят нести добро в этот мир.

Сильные, интересные, радостные, щедрые и открытые люди магнитом притягивают к себе подобных людей, людей с наилучшими человеческими качествами, умеющих воспринимать чужую радость как свою.

Не каждый на это способен, не потому, что плох, просто мы скорее привыкли сочувствовать и разделять чужое горе, чем радость, воспитаны на несчастьях в фильмах, книгах, газетах – иначе нет ни сюжета, ни интриги.

Они радуются каждому мгновению в любом его проявлении. Все происходящее их занимает и чему-то учит. У них отличное настроение.

Проблемы решаются быстро и по мере их поступления, они не волнуются о том, что вот, вдруг сосулька на голову упадет, когда придет весна. Просто не пойдут там, где будет возможность получить по голове сосулькой. Потому, что ясно мыслят.

А если что случится, то и решат проблему четко и быстро и именно тогда, когда будет что решать. И будут, улыбаясь, дарить миру свое прекрасное ощущение восхитительности жизни. Ведь у них счастливая жизнь.

Они умеют ценить каждую минуту, живут в настоящем моменте, переживая его как открытие всеми красками прекрасных ощущений.

И так создают свою жизнь: ведь настоящее через мгновенье становится будущим, оно просто перетекает из сегодня в завтра. Хотим счастливого будущего? Так чего ж мы ждем, давайте становиться счастливыми именно сейчас.

Когда случаются проблемы, они решаются и остаются в прошлом, и не муссируется всю оставшуюся жизнь. Бывает, мы поступаем некрасиво, не так, как хотелось бы, трусим, или выглядим глупо.

Чего только не бывает, но депресняк после этого не к чему, это не трагедия. Признаем свою ошибку и постараемся больше в такой ситуации не оказываться. Легче нужно относиться к неудачам, рассмеемся и забудем.

Они бесстрашны. Не перед лицом смерти на поле боя. В жизни. Понимая, что в любой момент может случиться все что угодно. Можно, не желая, принести человеку страдание, например, стать объектом чьей-то привязанности.

Наперекор всему, давайте радоваться каждому мгновению жизни, общению с любимым человеком или с собственным ребенком, зная, что смерть всех, кто тебе дорог может наступить в любой момент.

Все, что с нами происходит, переживается в нашем уме. Пусть у каждого по-разному, но изменения постоянны у всех: то взлеты, то падения и наоборот. Было бы логично остановить эту карусель, удалить из сознания все негативное и наполнить его внутренним богатством.

Жизнь это процесс развития.

Если не знаете чем заняться, когда скучно, то могу предложить вариант, как провести время с пользой — можно поразмышлять над своей жизнью.

Все ли получается, чего бы хотелось?

Как правило, хотелось бы стабильности (в хорошем смысле), денег побольше, свободного времени, друзей настоящих, интересной жизни. Или хотя бы посмотреть на человека, которому это все удается. Что бы узнать как.

По большому счету мы понимаем, что классная, полноценная, интересная жизнь не является целью, это скорее способ или метод с пользой провести время, данное человеку между рождением и смертью.

И человек, хорошо функционирующий в жизни, это человек, способный реализовать свой потенциал тела, речи и ума. То есть познать себя.

Есть несколько характерных черт, присущих таким людям.

1. Прежде всего, это открытость.

Она основана на доверии себе и пространству, правильному пониманию сути явлений, когда все происходящее принимается неличностно, без разделения на нравится (и желание завладеть тем, что нравится) и не нравится (и желание отдалить то, что представляет угрозу).

Открытый человек ничего не опасается, не подавляет. Он открыт для любых переживаний.

2. Спонтанность реакций и свежесть восприятия.

Человек находится здесь и сейчас, в настоящем моменте. Человек в этом моменте и его переживания дают начало тому, каким будет человек в следующем моменте.

Люди, живущие независимо от надежд и опасений, не имеют жестких идей и концепций, они гибки, терпимы и легко приспосабливаются к изменчивым ситуациям.

Все переживания действительности становятся не плохим и не хорошим опытом, а просто опытом.

3. В своей жизни мы постоянно принимаем решения и воплощаем их в жизнь. Как обычно принимаются решения? На основе общепринятых норм – общественных, религиозных, любых других. Это подчинение внешним силам, нормам поведения.

Человек, хорошо функционирующий в жизни, принимает свои решения сам, на основе своих ощущений, своей интуиции. Он доверяет себе и пространству, которое его окружает и которым он сам является.

4. Мы хотим быть свободными.

Хотим руководить собой, жить так, как считаем правильным, на основе своих знаний, опыта, ощущений. (Сразу оговоримся, что мы не затрагиваем аспект абсолютной свободы, так как мы живем в обществе, а значит по законам общества).

Мы говорим о внутренней свободе. Я могу делать все, что захочу, но знаю, что я за все и отвечу. Поэтому я свободна, у меня огромный выбор возможностей.

5. Зрелый человек – личность творческая, со множеством планов и идей. Такие люди живут в своей культуре, они выросли из этого общества, но не стали его пленниками.

Они гибки. Конструктивны. Способны получать радость жизни, находясь в любых условиях.

Хорошая жизнь требует бесстрашия, потому, что это жизнь, требующая расширения своего потенциала, полного функционирования, полной осознанности, обогащения, волнения, значимости и интереса. Это процесс развития.

Про подозрительность.

Когда говорят, про подозрительность, то предполагается, что это плохо.

Но все зависит от интенсивности или крайних проявлений этого качества. Чрезмерную подозрительность можно классифицировать как болезнь, психическое расстройство, если до этого не доходит, то это черта характера. Другое дело насколько легко человеку с таким характером жить среди людей, получается, что на все ситуации и на всех людей уже накладывается ярлык негативности, ожидается проявление именно такого запланированного сценария.

Как это происходит - все о чем думаем, что питаем своей энергией, то и получаем. И закрепляем на опыте, что все враждебно.

Существует другая сторона подозрительности – полное ее отсутствие. Тоже глупо. Вот меня ограбили месяца полтора назад около дома. Приехала домой ближе к ночи, дай думаю, зайду в магазин за минеральной водичкой. Купила, возвращаюсь, а магазин в соседнем доме, вижу - стоят под домом две темные фигуры. И такая атмосфера агрессии. Я все это отметила про себя, но совершенно не появилось мысли, что эта агрессия может быть направлена против меня. А зря. Самое неприятное, что в сумке были паспорт такой, паспорт сякой, права, банковские карты, телефоны. И осталась я без средств коммуникации. Через полторы недели только справку дали, чтоб все документы начать восстанавливать. Это я к тому, что здоровая предусмотрительность быть должна.

Вернемся к подозрительности, как качеству, которого много и которое осложняет нам жизнь. Откуда вообще берется подозрительность? Чаще всего это:
- воспитание в семье (отсутствие материнской любви с первых шагов, атмосфера недоверия внутри семьи, недоверие родителей к окружающим);
-врожденная, генетическая опасливость;
- результат опыта и последующего разочарования в людях.

Итак, мы имеем проблему, давайте над ней поработаем? Что тут можно сделать:

Найти человека, который сама порядочность, отзывчивость и доброта.

Написать и прикрепить дома на видных местах фразу о том, что мы доверяем людям и доверяем себе. Это простейший аутотренинг. Стараться регулярно (к примеру, через час) возвращаться к этой мысли, представлять человека, которому можно доверять.

Подружиться с человеком, которого подобрали по нужным качествам, проводить с ним время, прочувствовать, что доверительные отношения возможны.

Контролировать себя. Вовремя замечать, когда подозрительность подчиняет нас и останавливать ее. Вплоть до того, что разговаривать со своей подозрительностью. Сказать – хватит, я лучше знаю. Я знаю, что могу этому человеку доверять. Все. Точка.

Открыться человеку, которого выберем. Рассказать о своих трудностях, попросить помощи. Порядочный, отзывчивый и добрый человек, обязательно нас поддержит.

Смысл работы с качеством которое у нас есть и нам не нравится не в том, что бы его искоренить, вырвать из себя, выжечь до тла, а в том, чтобы его правильно использовать, трансформировать во что-то позитивное. Что принесет пользу, как нам, так и окружающим.

Про повседневность.

Чего только нет в моей голове: фантастического, реального, утопического, действительного, глупого, умного, хитренького, ужасного, прекрасного, нужного и ненужного.

А еще бывают мечты. Или не бывают (у тех, кто смирился с обыденностью). Вот это напрасно. Потому, что именно сейчас вокруг нас бурлит безумно интересная жизнь, которая предлагает море возможностей. Представьте, где – то на полюсе пингвины скатываются на своих брюшках с ледяных торосов. В лабораториях рождаются открытия. Из сиреневых туч на травы равнин день за днем просыпается дивный жасмин. Жизнь прекрасна и удивительна, неужели она проходит мимо нас?

У нас зачастую как проходят дни: будильник не дает поспать - из дома утром в детский сад – на работу – вечером детский сад – магазин – дома вечная круговерть – сон - утром будильник не дает поспать.

Встречаемся, спрашиваем: как жизнь?

- посеренькому.
- помаленьку.
- да, так, ничего.
- нормально.

Мы живем нормально - по нормам, заданным обществом. Мы счастливы? Мы хотя бы мечтаем о счастье?

Если есть мечты, то почему не привносим их в жизнь, что бы красиво жить? Что нам мешает? Как говорится, смотри пункт первый - про хаос в голове.

Это неясные, порой запутанные мысли, неверные цели и сомнительные пути их достижения, жесткие идеи и стереотипы, боязнь перемен и всего, чего не знаем, это сомнения, привязанности, порой зоологическая любовь, жадность и эгоизм (пожалуй, остановлюсь). Это все ограниченность нашего ума, нашего сознания.

Как же все изменить, как стать независимой? Окружающие нас люди, вещи и обстоятельства не имеют отношения к нашей независимости. Все в том, какие мы сами, какое у нас мировоззрение, все решается нашим отношением к происходящему.

Пусть сейчас мы не знаем, как это сделать. Давайте начнем размышлять о том, как стать хорошо функционирующим в жизни, счастливым человеком.

Если желание будет настоящим, жизненно необходимым – ответ придет. Это может быть наугад открытая страница книги, фраза случайного прохожего, что угодно. Когда все наше существо озабочено разрешением какого-то вопроса - ответ приходит.

Не нужно менять мир, многие пытались это сделать, их нет, а мир как стоял, так и стоит. Давайте попробуем изменить себя.

И живите, живите красиво, непринужденно, уверенно и всерьез. Радуйтесь, когда побеждаете, не печальтесь, когда проигрываете. Все получится. Удачи, дорогие.

Оптимизм может помочь нам стать независимыми преуспевающими людьми.

Начнем с того, что каждый день будем находить время для того, чтобы подумать что-либо приятное, что должно произойти сегодня или завтра или еще впереди, и еще и еще.

Думать будем только о приятном, чтоб не было в мыслях ни минутки для грусти, усталости, страха. Пройдет время, и мы обнаружим, что все хорошее, что мы выстраивали в своей голове, сбывается.

И по-другому быть не может. Потому, что все, что происходит, происходит в нашем уме.

Так же, как спортсмен во время учебного боя делает все на автоматизме (у него уже отработаны спарринговые комбинации). Или, бегло разговаривающий на английском языке человек говорит, не задумываясь (не вспоминает какое слово и за каким нужно произнести).

Так же поступаем и мы - думаем, говорим, действуем на основании уже сформированных убеждений.

Если у нас будет привычка относиться к жизни так, как будто у нас уже есть все, что мы хотим, то такое настоящее станет нашим будущим.

Метод достижения желаемого прост - отождествление с тем хорошим, чего мы желаем. Наш ум работает как глаз – что видит, с тем и отождествляется.

Поэтому опасна ненависть. Если держать ее в уме, то сам становишься похожим на человека, который неприятен. Ум так работает – он отождествляется.

Или если в отношениях с любыми людьми мы начинаем действовать методами, которые нам не нравятся (боремся с кем-то его же методами) в итоге, мы становимся такими же, как те люди, против которых мы боролись.

Мы начинаем тренировать привычку видеть все с хорошей точки зрения: даже если поступок не очень, то, к примеру, может мотивация у человека была хорошей.

Мы старательно упражняемся в том, чтобы жить расслабленно – не напрягаясь, все, что задумано, сделается и без скрипа в зубах, постараемся видеть все с лучшей точки зрения.

Постоянное повторение слов, мыслей, поступков в нужном направлении - это и есть тренировка ума.

Или создание образа и растворение в нем. Другими словами, если мы хотим быть успешными – нужно уже сейчас и сразу вести себя как успешный человек.

И еще очень важен настоящий момент происходящего. Вот в данный момент обстоятельства сложились так, что у нас есть возможность что-то сделать – значит, делаем. Не ждем завтра, завтра вообще может не наступить.

Только сегодня, именно сейчас мы используем время наилучшим образом.

Мы самостоятельно делаем выбор, как относиться к жизни. Это не теоретические воззрения. Выбор мы делаем в реальной жизни. В ней намешано и хорошего и плохого.

Просто, мы можем выбирать: какие мысли будем культивировать

Как можно относиться в реальной жизни: можно видеть в ней все в черном цвете, жить среди страхов, опасений, выживая, борясь за жизнь.

А можно жить с удовольствием, в отличной компании, в прекрасном и удобном мире.

Чем отличается преуспевающий человек? Информацией, которой владеет и определенными навыками.

У него не все гладко. Он постоянно и, может в большей степени, встречается с трудностями. Но он их сознательно преобразовывает. То, что мешает в то, что помогает. И в сфере производства и в жизни.

Нужно добиваться способности трансформации плохого в хорошее.

Можно сравнить постоянный тренинг ума с тренировкой тела. С чего вдруг тело приобретает рельеф - не просто так, это постоянная работа над собой.

Так и тренировка ума - тренировка отношения к жизни.

Кроме того, воспитание позитивного отношения к жизни это еще и вопрос здоровья. Ненависть, раздражение, обида, страхи, постоянное неудовольствие ведут к психическим и физическим заболеваниям.

В идеале хорошее настроение должно у нас быть с момента, когда открываем утром глаза. Но бывает так не всегда. Более того, мы знаем, что с утреца и обмен веществ не очень и глюкозки в крови маловато и температурка тела по минимуму. Знаем про эту биологию, но не поддаемся. Это у тела может, что и не так, а мы же не тело.

Для начала интенсивно подышим, провентилируем легкие, примем душик, да контрастный, разотремся полотенчиком, да хорошенько. И улыбнемся.

В течение дня для нас важно помнить про наше позитивное отношение к жизни.

Можно завести часы, чтоб через определенное время они нам напоминали о нашей цели: улыбнуться, увидеть, что мы находимся в компании прекрасных людей и жизнь вокруг замечательна.

Нужно надеть на себя маску, к примеру, преуспевающего человека и вести себя именно так, как ведет себя такой человек.

Если не получается, если ну никак, не чувствую я себя счастливой - тогда надо найти причину нашего состояния.

Может это погода, или мы что - то не так опять сделали или нам кажется, что на нас не так посмотрели. Надо понять, что на нас повлияло. Найдем – половина дела сделана.

Хорошо бы подвигаться. У каждого свое понимание, что значит подвигаться – одному побегать, в спортзал сходить или в поход, другому поразмяться, порастягивать суставы с позвоночником, просто позу сменить. Энергичные движения в купе с интенсивным дыханием меняют настроение.

Помогает воспоминание о приятном переживании.

Человек, который плохо себя чувствует и ведет себя плохо. Давайте заботиться о своем здоровье.

У каждого должно быть время на приятное, успокаивающее занятие. Нужно научиться отключаться от работы и наслаждаться свободным временем.

Припомним, от чего плохое настроение у нас улучшается, и станем обязательно включать это занятие не по субботам и воскресеньям, а в нашу будничную жизнь. Давайте украсим будни.

Итак, нас окружают хорошие, честные, добрые, благородные, щедрые, сочувственные, бесстрашные люди. Меняем свое восприятие жизни.

Про страхи

Хотелось бы мне жить в мире гармонии, радости, любви, сочувствия, мгновенно сбывающихся желаний.

Но надо признать, что живем мы в мире проблем: глобальных - стихийные бедствия, катастрофы и войны, личных - и здесь уже перечисление будет нескончаемым. Мало того, что все это на самом деле есть, так обо всём еще и кричится и постоянно муссируется рекламой товаров и средствами массовой информации.

Мы боимся того, чего не знаем и того, на что не можем повлиять, того, что не получается в жизни.

Так рождается страх и его последствия - депрессии и заболевания.

Как вырваться из мира страхов?

Одна из методик – «Устал бояться». Когда наступает максимум страха, пик страха, предел страха, когда мы уже не можем больше бояться - мы отказываемся бояться. Да будь, что будет, но не буду больше бояться.

После принятия такого решения сразу становится легче. Просто себе сказать: ничего не бойся, но в этом нужно себе же и помочь.

Находим время и место, когда никого не будет рядом или когда все еще спят или уже спят. Только мы один на один с собой. Берем лист бумаги и пишем.

В левой части листа – наши страхи. Не факт, что сразу же облечем в строки свои чувства, никто нас не торопит. Происходящее очень лично. Этот лист мы будет дополнять и исправлять.

В правой части будем записывать победы над собой.

Мы будем вспоминать с самого начала. Может быть нам рассказывала мама каким открытым и общительным ребенком мы были - знакомились со сверстниками и со взрослыми и прекрасно общались, как мы заразительно смеялись и были постоянно радостными. Как мы обостренно чувствовали несправедливость, и доказывали свою правоту, не смотря на то, что оппонент был выше, толще и старше. Получали. Но и в другой раз были готовы битья за правду.

Есть и было в нашей жизни такое, за что можно собой гордиться. Думаем и вспоминаем. Делаем это постоянно. Открываем себя настоящего бесстрашного, прекрасного, щедрого.

Придет день, когда мы увидим, как много прекрасных и благородных поступков мы совершили и как малы страхи, которые отравляют нам жизнь.

Значит, мы просто забыли себя истинного. И с этой минуты мы понимаем, кто мы на самом деле - мы все можем и так себя теперь и ведем.

Запущенный нами механизм самоутверждения уже не остановить, он будет совершенствоваться с каждым мгновеньем на протяжении всей нашей жизни. Ведь мы на самом деле добры, честны и великодушны!

Добро пожаловать в свою истинную природу - в океан бесстрашия!

Про бесстрашие

Чтобы понять бесстрашие нужно разобраться в том, что такое есть страх. Он может нас атаковать, принимая разные обличья.

Мы знаем, что всё, что было рождено когда – то умрет. Мы знаем, что умрем и у нас есть боязнь смерти.

Но мы боимся и жизни, боимся неизвестных ситуаций, которые нужно быстро и правильно разрешать.

Жизнь постоянно задает нам вопросы, которые порождают страх неполноценности. Нам кажется, что жизнь предъявляет нам требования, которые мы не в состоянии удовлетворить. Панический страх наступает при неожиданной ситуации.

Иногда это опасение и беспокойство. Мы теребим пальцы, собираем с одежды ворсинки, качаем туфлей, шмыгаем носом, покашливаем, прочищая горло, постоянно что-то делаем и боимся остановиться.

Если есть проблема, то есть спрос на ее разрешение, а значит, что возникает предложение.

Какие предложения мы наблюдаем на рынке преодоления страхов? Успокаивающие препараты, йога, телевизор, алкоголь. Психология труса диктует постоянную занятость, чтобы человек не оставался наедине с собой, иначе его начинают одолевать мысли, озабоченность, страхи.

Особенно один из главных страхов – страх смерти.

Мы развлекаемся и стараемся не задумываться о смерти. Так выходит, что жить так, будто не наступит смерть, это трусость.

История показывает, что были времена, когда поиски эликсира бессмертия ставились как реальная задача.

Допустим, что мы бессмертны. Если не ставить себе какой – то цели, что жизнь без смысла как минимум скучна, и как максимум сложна из-за проблем и тяжелых ситуаций, которые перед нами постоянно возникают.

Итак, страх есть и это нужно признать. Если это факт, то нужно научиться с ним сосуществовать.

Изучим, как выражается страх в виде беспокойства: как мы себя ведем, как двигаемся, что говорим. Страх присутствует в нашей жизни. Но не все так плохо, не стоит впадать по этому поводу в тоску и уныние.

Потому, что если есть страх, значит, есть и бесстрашие. Мы способны чувствовать страх, значит, есть потенциальная возможность ощутить бесстрашие.

На самом деле бесстрашие это не подавление страха, а выход за его пределы.

Состояние, превышающее страх начинается с его изучения. Бесстрашие - это состояние за пределами страха.

Мы должны понять, за какие пределы мы хотим выйти, мы должны разобраться, что такое страх, и из чего он состоит, как выражается. Страх нужно изучать. Понять состояние тревожности, нервозности, озабоченности, беспокойства.

Нервная оболочка страха резка и стихийна. Если же мы успокоим свой страх, то мы позволим появиться более глубокому чувству печали. Она всеобъемлюща. Мы плачем, когда печаль и одиночество наполняют наше сердце. Но перед тем, как наши глаза наполнятся слезами еще промелькнет определенное чувство.

Это начало бесстрашия. Открытие бесстрашия начинается с нашего сердца, когда оно полностью открыто и переполнено сочувствием и любовью ко всему живому.

Про одиночество.

Я постоянно и страстно желаю свободы. Я бьюсь за ее достижение.

Одиночество нас пугает, но оно есть и это факт. Противоположным одиночеству можно назвать единение.

Мы прибегаем к религиям, дружбе, браку и сообществам по интересам. Нам приятней находится среди людей, которые думают так же как мы и разделяют наши взгляды. Мы хотим иметь собственную ценность в глазах других людей и таким образом доказать, что наше существование не бессмысленно.

Но ведь бывает не только единение со множеством, с какой-то группой, бывает единение с самим собой. Замечали, как малыш тихо играет сам с собой и не скучает. До тех пор, пока не подрастет, и ему не объяснят, что одному играть скучно.

Так единство перетекает в одиночество. Кто-то становится необходимой частью растущего человека, эта часть уходит, не обращает на нас внимание, занимается своими делами, образуя пустоту вместо себя.

Получается, что с одной стороны мы страстно желаем свободы, с другой зависим от окружения. Что происходит дальше? Мы находим того или то, что по нашему мнению может дать нам счастье и привязываемся к этому объекту, боремся за обладание им. Для чего? Чтоб не было страдания одиночества.

Другая крайность – это бесконечные поиски знакомств, бесконечное множество друзей. Чтоб не быть одиноким. Чтоб кто-то поддержал если что. Это работает пока все хорошо, но когда наступают неприятности, то друзья и знакомые исчезают без следа, как туман. Человек остается один.

Убежать от одиночества, бросившись с головой в толпу, то же невозможно. Потому что это бегство от самого себя, от того, что является нашей составной частью. Так можно искать и гнаться всю жизнь.

А можно остановиться и признать, что нам нужно понимание и признание именно нас самих. Одиночество порождается непониманием своих мыслей, страстей, поступков.

Трудно признать то некрасивое, что так неприятно нас цепляет в окружающих – мы видим потому, что оно присутствует в нас самих. Если такие мысли и чувства в нас есть, то перед самим собой нужно признать, что они существуют. Затем уже работать с ними или не работать.

Если мы себя не понимаем, как окружающие могут нас понимать? Только через трансформацию мешающих чувств и концепций можно прийти к пониманию собственной природы. Понять, чем на самом деле мы являемся.

Как обрести уверенность в себе.

Прежде всего, следует понять, что такое уверенность.

Уверенное поведение складывается из того, как мы себя ведем, выглядим, разговариваем, просто улыбаемся.

Люди не всегда бывают такими, какими кажутся окружающим.

Попробуем надеть на себя маску уверенного человека. И начнем постепенно перенимать его манеру общения, поведения, внешний вид.

Более того, на нас самих очень влияет то, как мы, к примеру, держим спину, двигаемся, разговариваем.

Самооценка личности напрямую зависит от того, что нам нравится, как мы выглядим, какое на нас платье, какая стрижка. Так подбирается индивидуальный стиль.

Затем обращаем внимание на голос и манеру говорить: произносим слова громче, четче, ясней, короче – все для того, что бы донести свою мысль до слушателя. Считаете, что это трудно и невыполнимо?

А ведь есть примеры из истории. По-моему в Греции жил человек, у которого был тихий голос, неприятная привычка подергивать плечом и неумение складно выражать свои мысли. Но он хотел, избавиться от этих досадных недостатков, убрать неуверенность в себе. Поэтому он читал речи ветру на берегу ревущего моря, а над подергивающимся плечом подвешивал остро отточенный меч. Может быть, Вы слышали его имя. Это ни кто иной, как Демосфен. Лучший оратор античного мира.

Если мы будем постоянно отождествляться с образом и поведением уверенного человека, то наступит день, когда маска уверенности превратится в наше истинное лицо. Потому, что отождествление - лучший метод для того, что бы измениться.

Про отчаяние.

Давайте рассмотрим, как возникает чувство отчаяния и к чему приводит. Мы не слишком жалуем негативные эмоции, потому что это страдание.

Но, как и во всех других случаях, отчаяние это эмоция, которую мы создаем, питаем и затем используем или не используем.

Отчаяние возникает, когда мы уже не можем с чем-либо соглашаться.

Она много говорит. Он постоянно играет в компьютерные игры. Она хочет иметь деньги и развлекаться. Он не желает «бычить», потому, что все равно деньги улетают неизвестно куда. Она вечно убегает к подругам. Он приходит домой и начинает раздеваться от порога: развешивая одежду от шапки, куртки до очков - на дверях, кресле, столе, диване.

Когда, наконец - то нужна мужская работа по дому: к примеру, прибить оторвавшуюся гардину - она постоянно просит его прибить эту гардину, думает о том, что нужно обязательно, не забыть, ему напомнить об этой гардине, а он не прибивает. Полгода. А потом прибивает за пять минут и называет ее электропилой. Что делать - то?

Есть какие-то привычки, которые нельзя изменить. Ведь это привычки другого человека, изменить их может только он сам. Если захочет.

Вариантов, если уже нельзя терпеть всего два - расстаться или принять человека таким, какой он есть.

Расставить приоритеты, к примеру: что нам важнее, что мы будем рядом с этим мужчиной или (согласно общепринятой идее), что мужчина должен зарабатывать больше женщины (и если это не так, то тогда это не мужчина и мы должны расстаться).

Из-за чего возникает отчаяние? Из-за наших надежд и опасений.

Вот девушка выходит замуж за мужчину не такого привлекательного и молодого, как она сама, и полагает, что за это муж должен ее обожать, холить и обеспечивать всем необходимым. Притом у ее уже есть концепции насчет всего необходимого. Если надежды не сбываются, то возникает страдание.

Или, к примеру, бывает такая мужская точка зрения - если вышла замуж, то будь добра, чтоб теперь в доме всегда быть вкусная еда, причем недорого, все постирано – поглажено и женщина на ночь, иначе, зачем вообще замуж выходила.

Бывает, что чувство не дает нам сразу разглядеть, насколько мы подходим друг другу или со временем один человек развивается, меняется в лучшую сторону, а другой остановился в своем развитии, а это значит, что постепенно деградирует.

Пути здесь два. Или остаемся и принимаем любимого человека, таким как есть или расстаемся (такое решение не подходит для всех пар, потому, что в парах могут быть дети).

Мы живем по устоявшимся привычкам: ходим, вопреки здравому смыслу, по одной накатанной колее – нас не устраивает работа, но мы ее не меняем; невозможно жить со свекровью или тещей, но мы продолжаем жить вместе; не устраивают отношения – не любим, но терпим - живем как все или как у всех.

Но бывает последняя капля. И мы решаемся на отчаянный поступок – изменить происходящее. Начать жить по-новому, так как хочется.

Получается, что у нас больше нет выхода, мы достигли дна, и мы отталкиваемся от его, чтоб вырваться из мутной воды и вздохнуть глоток кислорода. Отчаяние это громадный эмоциональный поток. Это сильная внутренняя мотивация для изменения создавшейся ситуации.

Давайте рассматривать эту эмоцию как подарок, не глушить ее, не оставаться в ней, а использовать. Трансформировать из изматывающего настоящего в сверкающее, прекрасное будущее.

Что делать если постоянно не везет.

Не надо печалиться, если не везет. А что ж тогда делать?

Почитать эту статью, вспомнить, о чем поговаривают индейцы Дакоты. Можете себе представить, они иногда говорят друг другу: когда увидел, что ты скачешь на сдохшей лошади – слезь с нее и пересядь на другую.

Мы, как цивилизованные люди, как поступаем в подобных случаях?

Мы говорим себе – а вдруг лошадь сдохла не совсем?

А не попонукать ли нам эту скотину, чтоб – таки дальше везла. Ведь мы точно знаем, что раньше, может быть, долгие годы так и было, мы понукали – и она дальше везла.

Что же делать? Можно начать всех убеждать, что наша сдохшая лошадь самая быстрая и самая экономичная, проводя сравнения дохлых лошадей.

Ходим, значит, возле своей лошади и клянчим: ну, лошадь, ну еще чуть-чуть не будь такой дохлой.

Заходим в интернет, находим предложения по более эффективной эксплуатации дохлых лошадей.

Чтоб уж совсем она не была такой дохлой - вносим изменения в методологию по классификации дохлой лошади.

И, разумеется, посещаем тренинги и семинары, на которых нам доходчиво и за небольшие деньги объясняют, как использовать дохлых лошадей.

Собираем круглые столы, где делимся своими наработками и выслушиваем предложения специалистов по анализу дохлой лошади как таковой.

Встречаемся с коллегами, чтобы дохлую лошадь проанализировать.

Проводим исследования на тему: а что будет, если одну дохлую лошадь объединить с несколькими дохлыми лошадьми? А вдруг шибче побегут?

Приглашаем лучших жокеев по сдохшим лошадям, пытаемся улучшить рацион животного питательным кормом и витаминными добавками в надежде что-то изменить.

Просто ждем, когда проблема решится сама собой: ведь всегда мы ездили на этой лошади и хорошо везла. Не может быть, что она больше не пойдет аллюром. Это как-то странно.

А вот появился еще один жокей из Европы, точно превосходный специалист по мертвечинке, он проведет мастер – класс.

И постоянно задаем себе вопрос: все ли мы сделали, что могли? Ну что еще? Можно собрать все данные о смерти животного: когда околела, от чего.

Так что же конструктивного можно почерпнуть из фольклора мудрых индейцев штата Дакоты?

Страдать, мучиться, впадать в депрессию, по меньшей мере, не продуктивно. Ни к чему хорошему это не приведет.

Когда мы что-то делаем, то мы двигаем это дело тем, что вкладываем в него свои силы, время, энергию.

Взгляните на себя критично, если обнаружили сдохшую лошадь – не вкладывайтесь в нее, найдите в себе силы для развития.

Как научиться медитировать.

Мы все неплохие люди, но понимания что хорошо и плохо, и даже правильного поведения, к сожалению, не достаточно. Причина – в привычках ума, настолько сильных у обычных людей, что изменить их можно только благодаря медитации. Давайте, рассмотрим медитацию на дыхание.

Сядем с прямой спиной, ноги согнуты в коленях (правая впереди левой или лежит на ней), руки на коленях ладонями вниз. Можно сидеть на стуле, главное - это прямая спина.

Постараемся не напрягаться. Сконцентрируемся на нашем теле и полностью расслабим живот, спину, ноги, руки, плечи, мышцы шеи, голову, кожу на лице. Глаза можно закрыть или открыть, губы не сомкнуты.

Сейчас наше внимание мы обращаем на воздушный поток, проходящий у нашего кончика носа.

Сделаем сначала глубокие вдохи и выдохи.

Далее перенесем внимание на само дыхание в теле - у кончика носа, или в животе. Вдохи можно считать от 1-го до 21-го, снова и снова, можно говорить про себя: вдыхаю – выдыхаю.

Дышим как всегда, в том режиме и с той частотой, которая для нас естественна. Сейчас мы сконцентрированы на дыхании, мы дышим и считаем.

Если мы обнаруживаем, что думаем о чем-то постороннем, то попросту опять начинаем следить за дыханием. Можно отметить произошедшее: я отвлеклась.

(Держим под контролем дыхание)

Наши мысли появляются, играют и исчезают. Мы не боремся с ними и не следуем за ними, просто не обращаем на них внимания.

Мы наблюдаем за дыханием. Это или воздушный поток, проходящий у нашего кончика носа, или поступающий в легкие и диафрагму воздух при вдохе и выходящий при выдохе.

(Продолжаем контролировать дыхание)

Наш ум не привык долго концентрировать на одном объекте, он пытается убежать, но мы упорно возвращаем его к одному и тому же – наблюдению за дыханием.

(Продолжаем контролировать дыхание)

Мы можем закончить медитацию в любой момент. Пусть для начала это будет один раз день по пятнадцать минут.

Выходим из медитации, начинаем все воспринимать без ограничения, возвращаемся к обычной жизни. Медитация на сегодня окончена.

Я предложила самую известную и простейшую медитацию, когда мы концентрируемся на дыхании. Это медитация, которую используют многие и которая полезна для всех.

Как выйти из депрессии и лени.

Давайте, попробуем очертить границы этих состояний.

Возьмем лень. Когда она наступает? Тогда, когда мы много сделали, у нас хорошие условия, и мы можем себе позволить расслабиться и нечего не делать. Так проходит час, день, неделя, год….

В депрессии, напротив, мы мыслим ясно. Но для нас теряется смысл происходящего, мы будто парализованы, как в коконе, мы не способны двигаться вперед.

Лень – состояние, когда мы испытываем наслажденье, мы радуем себя, холим и голубим. Не хотим стирать – и не надо, потом, может быть. Не хотим мыть посуду и не надо, потом, когда-нибудь.

В депрессии же ничего не имеет смысла.

И в первом и в во втором случае происходит все, пардон, от глупости, мы не понимает чего хотим, и что происходит.

Но, если, ленясь, мы способны видеть красоту и наслаждаться, то депрессия возникает из-за недостатка хороших впечатлений в уме. Ум смотрит в себя, а там ничего нет, далее в подобной ситуации возможно развитие страхов. Вот почему так важны положительные впечатления в уме. Любые накопления в нашем сознании – это отпечаток наших поступков.

В депрессии нет желания что-либо делать, мы не совершаем положительных действий и следовательно не получаем положительных накоплений в уме. Поэтому из депрессии сложно выйти.

В состоянии лени все хорошо (хорошие впечатления есть), но если их не создавать постоянно, а только тратить, то в итоге они заканчиваются. Мы прожигаем жизнь и ничего не создаем на будущее.

Мы будто в аквапарке - летим по надувной трубе в бассейн или несемся по ледяной горке на тюбинге. Возможности управлять таким процессом почти никакой. Если покатился, значит, тебя несет и мало что от тебя зависит. Несешься, кувыркаешься, где нахлебаешься, где слетишь с тюбинга и долбанешься головой об лед. Скорость большая, чтобы остановиться нужно предпринять героические усилия.

Но возможность такая есть. Название ей - смена привычек. Именно привычки создают тенденции нашего поведения.

Последнее исследование Южно-Калифорнийского университета подтверждает, что привычки сохраняются во время упадка сил. Причем как хорошие привычки, так и вредные.

В эксперименте участникам (студентам) создали условия, при которых они недосыпали целый учебный семестр. В конечном итоге и положительные и отрицательные привычки возросли: те, кто объедался фаст фудом – стали его поглощать еще больше, а те, кто по утрам прочитывал газеты, все равно их читали, хотя у них не хватало для этого времени.

Это подтверждает, что не депрессия подталкивает нас к саморазрушительным действиям, а уже сформированные нами привычки. Исследования доказывают, что шаблоны поведения сохраняются и работают в моменты сильной усталости и отсутствия самоконтроля. Было бы логично, друзья, воспитывать в себе позитивные привычки.

Про раздражение.

Гнев может проявляться по-разному, например, раздражением.

Раздражение знакомо почти каждому. Возникает оно как реакция на то, что нам не нравится.

Причем зависит наша реакция на одну и ту же ситуацию или объект (субъект) от нашего настроения, самочувствия и так далее. А раздражать нас может что и кто угодно: громкая музыка, погода, водители, ожидание, принимаемые законы, чужая манера одеваться и разговаривать…

Посмотрим, что нас раздражает чаще и что нам со всем этим делать.

Итак, одна и та же ситуация может вызывать противоположные реакции у разных людей и у нас самих, в зависимости от нашего настроения. То есть все зависит от нашего личного восприятия реальности: насколько нам в данный момент нравиться или вернее, на сколько, в данный момент, нам не нравится происходящее.

Если нас *ЧТО - ТО РАЗДРАЖАЕТ В ДРУГИХ ЛЮДЯХ*, это означает только то, что данное качество есть в нас самих. Нам есть над, чем самим поработать.

Бывает, что *НАС РАЗДРАЖАЮТ СИТУАЦИИ*, к примеру, когда нужно ждать или когда все идет не по плану. Это означает, что мы видим в этих ситуациях угрозу нашему счастью: мы не любим ожидать потому, что опасаемся не достигнуть того, что нам так необходимо для счастья или мы ненавидим непредсказуемые события по причине того, что это может привести к тому, что мы не сможем управлять нашей жизнью.

НАС ЗАСТАВЛЯЕТ РАЗДРАЖАТЬСЯ ВОЗНИКНОВЕНИЕ ПРЕГРАД, мешающих осуществлению наших намерений.

Раздражение – это вид гнева. Для обычного человека это неконтролируемая реакция. Затем под воздействием эмоции мы совершаем поступки.

Что же делать? Нужно научиться понимать, что происходит: нам что-то не нравится, мы раздражены - это атака гнева. Останавливаемся и не совершаем необдуманных поступков. Даем себе время не реагировать. Далее, находим источник нашего раздражения, что послужило причиной такого чувства? Решаем ситуацию без срывов.

А если нам действуют на нервы окружающие люди: не так сидят, не так едят? Как только мы чувствуем, что все не так, спросим себя: это раздражение, это гнев? Если нас что-либо цепляет в людях, то это означает только одно - первопричина находится в нас.

Как исправить ситуацию? Давайте запишем самые частые раздражающие нас события или качества, которые мы не можем изменить и постараемся найти источник нашей реакции.

Но самый действенный способ – это наполнять свое подсознание положительными впечатлениями. Наши мысли, слова и действия должны нести пользу и радость для всех людей.

Давайте делать друг другу прекрасные пожелания! Чем больше места в наших мыслях будет занято позитивными пожеланиями, тем меньше места останется для раздражения.

Про богатство.

Богатство – слово какое-то не современное.

Я бы заменила его на «достаточное количество денег и обязательно в купе с наличием свободного времени и здоровья».

Все, что ни делает человек, он делает для того, чтобы стать счастливым. И все, что нас окружает: санатории, пароходы, виллы, магазины – было создано для того, чтобы стать счастливее. И, наоборот, система здравоохранения и полицейская система со всеми атрибутами – для защиты нас от страдания.

Посмотрите вокруг – мы постоянно пытаемся изменить мир так, чтоб нам было комфортнее и приятнее. Но ведь города, произведения искусства, шедевры кулинарии вовсе счастья не испытывают. Это наш ум может переживать счастье. Причем именно в настоящее мгновение.

Стать постоянно счастливым из-за того, какие люди и вещи нас окружают невозможно. Все в движении: возникают и исчезают чувства, вещи, люди. Как ни прискорбно, но мы сами тоже исчезнем. Все непостоянно. Все, что создано или рождено непрочно и через какое-то время исчезнет.

Если искать опору жизни в богатстве, то это приведет к страданию.

Ум наш работает таким образом, что постоянно генерирует желания: есть машина – нужно более нового года выпуска, или другой модели, или небольшой автопарк. Так же квартира, загородный дом, катер. И начинается гонка.

А ведь имущество еще нужно будет защищать от воров (заборы, гаражи, охранные технологии) и неумолимого времени (ремонты, модернизация) или преумножать (взять хотя бы обычную инфляцию, если речь о деньгах). И если привязаться к своим накоплениям, то какие страдания можно испытать на смертном одре - наследники уж тут как тут.

Что же, спросит уважаемый читатель, в нищете, что ли жить? Нет, конечно.

Но исследования показывают, что по сути люди не бедности боятся, а ассоциаций из прошлого, потому, что отсутствие денег - это не безысходность.

Главное – это раскрытие способностей своего ума, своего потенциала. Где это видано, чтоб человек, разбирающийся в том, что происходит и что из чего получается, бедствовал?

А вот примеров как неразумно растратить - много. Вот один из них: Наполеон Хилл – автор книги о связи мысли и богатства «Думай и богатей». Тираж 30 миллионов экземпляров. Самое печальное, что автор бестселлера умер в нищете.

Человек удивительное создание. Сначала он отдает свое здоровье, чтобы накопить капитал. Затем он расходует капитал на то, чтобы поправить здоровье. В это же время он так переживает о завтрашнем дне, что не радуется дню сегодняшнему. Получается, что человек не находится ни в дне сегодняшнем, ни в дне завтрашнем. Он проживает жизнь так, как будто его минует смерть, но когда умирает – страдает, что, в сущности, за чем-то гнался всю жизнь, но так и не пожил.

Настоящее наше богатство это наши тело, речь и ум. С их помощью можно достигнуть всего.

Как научиться не упускать время.

Делу время потехе час - есть такая поговорка, а народная мудрость на то и мудрость, что проверена веками.

Так как же научиться не упускать время и наконец, делать то, о чем говорим?

А ждать не нужно подходящего момента. Если уж нашла коса на камень, то начинать делать то, что никак не получается начать, нужно спонтанно. Чтобы для нас самих это было неожиданностью.

Бывает, что помогает, если мы рассердимся на себя. Отпускаем все, что нас отвлекает, собираем все силы – и делаем.

Причина и следствие просматриваются во всем. Если бы мы поступили на заочное 6 лет назад, то были бы сейчас дипломированными специалистами. Если заняться английским сегодня, то через полгода мы заговорим.

А что будет, если мы примемся за дело завтра? Скорее всего, ничего не будет. Ведь завтра может быть длинною в жизнь.

Что делать если все, что мы знаем по интересующему вопросу уже обдумано. Но мы не приступаем к делу потому, что полной ясности все еще нет. А это значит, что с этой отправной точки большего нельзя увидеть. Необходимо сделать шаг в нужном направлении. Это повлечет за собой изменения, появится больше информации.

Нам важно как мы к себе относимся. Поэтому мы обманываем сами себя, находим для себя причины или отговорки:
-Начну с понедельника / когда пойду в отпуск.
-Не понимаю, как приступить.
-Не получается.
-Страшно и т.д.
Так вот, если это есть, то все объясняется просто – мы не хотим перемен.

Бывает, что говорим – я занята. Сначала нужно сделать то, потом это. Все занятия чрезвычайно важны. Но насколько важно дело, которое мы никак не начинаем? Бывают моменты, когда мы берем на себя много обязанностей и физически не можем справиться с ними (мы не рассматриваем такую крайность). Но, правда в том, что все нужно делать одновременно, не откладывая. Жизнь коротка.

Непостоянство – имя всему, что внутри и снаружи. Нельзя ждать, условия могут измениться в худшую сторону. Если внутренне мы готовы, то не следует настраиваться на появление мистических знаков. Наша готовность – это и есть сигнал к действию.

Может быть, вы хоть раз говорили: у меня нет времени? Или говорили не раз? У нас нет времени для близких, которые нас ждут. Мы торопимся, у нас дела. А что же время? Оно соглашается. Нет, значит, нет. Оно тихонько собирается и покидает нас. Иногда насовсем.

Про зависть.

Испытывали ли вы когда-либо зависть? Ну, хоть капельку? Нет? Вам это чувство не знакомо? Как хорошо!

Тогда, может быть, вам доставляло неудобство то, что кто-то завидовал вам? Ведь бывает что, живешь себе: никого не трогаешь, а твоя жизнь, оказывается, кому-то покоя не дает.

Завистник в это время злится и недоволен собой, а того хуже зависть к нашей особе просто отравляет его жизнь. Как разорвать эту связь?

Давайте, проанализируем эту эмоцию. Что происходит и из чего берется?

Зависть возникает из приязни и неприязни. Для простоты возьмем привязанность, которая происходит из желания. Мы добрались до главного слова в возникновении зависти: желание.

Далее мы ассоциируемся с множеством ситуаций, принимая их как личные.

Это было с давних времен. К примеру, со времен фразы, что на другом поле трава зеленее. В наше время фраза эта видоизменилась и расширилась: у соседа дети, как дети - родителей уважают, никаких от них хлопот; одногруппница моя уже начальник отдела, да я же с ней училась - она просто тупая.

Примеров этих можно писать до бесконечности. И мерилом здесь будет количество счастья. Которого, именно нам, судьба незаслуженно недодала. Смысл в том, что у кого-то есть незаслуженное счастье, а мы у нас нет. Хотя мы, по нашему мнению, его больше заслуживаем. И это не дает нам покоя.

Немного ясности по поводу, откуда зависть берется и как происходит сам процесс, мы получили. Но самое главное – понять, как перестать завидовать.

Есть несколько предложений по выходу из состояния зависти. Одно из них – *ПОСТАВИТЬ СЕБЯ НА МЕСТО ЧЕЛОВЕКА, КОТОРОМУ ЗАВИДУЕМ*. Ведь, когда мы думаем, что человеку в той ситуации, о которой мы мечтаем, комфортно - не всегда так на самом деле.

К примеру, друг ведет холостяцкую жизнь: у него постоянно новые подружки, приходит домой, когда хочет, располагает деньгами как вздумается. А я человек семейный, ребенок есть – все по-другому. Соплю и тихо завидую. А в это время мой счастливый друг, оказывается, тоже на судьбу жалуется. Надоело находить себе каждый раз на вечер новую женщину, да и накладно, постоянства хочется, уюта, семейного счастья. Как говорится: хорошо там, где нас нет. Мы и не догадываемся, что начальник отдела получает зарплату больше, но у него и головняка больше, а другу не машина с дачей нужны, а чудный сынишка и любящая жена.

Я к тому пишу, что имея, мы не ценим ни любовь, которая у нас есть, ни время, ни покой, ни здоровье. А жизни нужно радоваться. Мы же не для того живем, чтоб нами восторгались и завидовали.

Зависть отравляет жизнь. Не нужно мучиться от успеха подруг, ведь жизнь нам каждый день предлагает возможности, давайте, их использовать. Давайте, делать лучшее, что мы можем для себя и для всех. Делать и не вспоминать больше об этом. Мы забудем, а люди нет. Они будут рады и признательны нам. А это значит много положительной энергии.

НУЖНО НАУЧИТЬСЯ РАДОВАТЬСЯ УСПЕХУ ДРУГИХ ЛЮДЕЙ. Радоваться, что у людей все хорошо. Пусть сначала у тех, кого мы любим: наших детей, родителей, любимых, просто у тех, кого мы знаем. Жить нужно просто. С желанием принести пользу. Лучшее, что можно посоветовать для прекращения привязанности это спросить себя: что я могу доброго сделать для этого человека?

Высказывания о жизни.

На фоне наших достижений вдруг появляются вопросы и, как следствие, мудрые высказывания о жизни.

В наше время сплошь и рядом наблюдается такая картина: наши дома мы возносим к небу, а терпение падает до земли, дороги мы строим все шире, а взгляды на жизнь становятся все уже.

Расходуем много, но ценностей мало. Приобретаем с каждым годом много и больше, а радости от этого мало и меньше.

В наших домах все больше пространства, но семьи становятся меньше. Мы окружаем себя комфортом, но замечаем, как мало времени.

У большинства дипломы об образовании, но, как говорится, – мозгов не хватает.

Мы обладаем доступными знаниями, возьмем хоть тот же интернет, только природного чутья мало.

Сильнее становиться наука во всех областях, но все больше неразрешимых задач.

Медицина постоянно развивается, только здоровье нации падает.

Здоровый образ жизни моден, но не каждый похвастает, что ест и пьет в меру.

Все мчимся за рулем, мгновенно раздражаемся, засыпаем заполночь – еле поднимаемся по утрам.

Многочитающая когда-то страна стала многотелевизоросмотрящая.

Мы тратим себя, и свои ресурсы не глядя, – и все меньше улыбаемся.

Мы забываем о духовных ценностях. Наши цели возросли, мы ценим все, что угодно, но не то, что бы надо.

Болтаем чепуху, зато много. Разучились любить, зато ненавидеть умеем.

Мы умеем выживать, только не понимаем, зачем живем.

Жизни наши становятся на годы длиннее, но нет самой жизни в этих годах.

Мы сумели добраться и на Луну и на Марс и в морскую бездну, с соседями по лестничной площадке если и знакомы, то на уровне здравствуйте и до свидания.

Свершения наши все больше, толка от них все меньше.

Боремся за чистоту воздуха и воды, почему забываем чистоту мыслей?

Овладели наукой, не умеем управлять своими чувствами.

Мы постоянно планируем, многого ли достигаем?

Все кругом в спешке, мы разучились ждать.

Компьютер съедает наше время, нам некогда уделить часок друг другу.

Вот и выходит, что живем мы во время быстрого питания - нездорового пищеварения, больших доходов, но трудных отношений, среди людей с большими должностями, но мелкими душами.

Доходы семей растут, разводы семей растут также.

Создаются все более красивые удобные комфортные дома, правда, разрушаются домашние очаги.

Все становится доступнее – расстояния, связи на ночь, калорийная еда, тучность, мы не справляемся сами с собой – применяем препараты успокаивающие, возбуждающие и, в конечном счете, убивающие.

Давайте повернемся лицом друг к другу – к друзьям, любимым. Жизнь коротка. Все что мы делаем в жизни, мы делаем для людей, не для машин.

Спешите сказать доброе слово, заметьте красоту поступка, найдите время для своего ребенка, ведь он вырастет, и его не будет рядом, найдите время для старшего члена семьи, ведь через какое-то время его тоже не будет рядом.

Больше общайтесь с друзьями. Отдавайте им самое ценное без остатка - самих себя. Цените свою любовь, говорите слова любви. Все так непостоянно.

Счастья Вам в каждом мгновении. Именно из этих искрящихся мгновений состоит наша жизнь.

i want morebooks!

Покупайте Ваши книги быстро и без посредников он-лайн – в одном из самых быстрорастущих книжных он-лайн магазинов! окружающей среде благодаря технологии Печати-на-Заказ.

Покупайте Ваши книги на
www.more-books.ru

Buy your books fast and straightforward online - at one of world's fastest growing online book stores! Environmentally sound due to Print-on-Demand technologies.

Buy your books online at
www.get-morebooks.com

VDM Verlagsservicegesellschaft mbH
Heinrich-Böcking-Str. 6-8
D - 66121 Saarbrücken

Telefon: +49 681 3720 174
Telefax: +49 681 3720 1749

info@vdm-vsg.de
www.vdm-vsg.de

Printed by Books on Demand GmbH, Norderstedt / Germany